楚江亭　苏君阳　毛亚庆◎主编

苏君阳◎主编　　于胜刚　王　珊◎副主编

XIAOZHANG
RUHE YOUHUA
NEIBU GUANLI

校长如何优化
内部管理

北京师范大学出版集团
BEIJING NORMAL UNIVERSITY PUBLISHING GROUP
北京师范大学出版社

图书在版编目(CIP)数据

校长如何优化内部管理/苏君阳主编 . —北京：北京师范大学出版社，2016.1(2022.6 重印)

中小学校校长培训用书/楚江亭，苏君阳，毛亚庆主编
ISBN 978-7-303-19244-1

Ⅰ.①校…　Ⅱ.①苏…　Ⅲ.①中小学－校长－学校管理－师资培训－教材　Ⅳ.①G637.1

中国版本图书馆 CIP 数据核字(2015)第 173102 号

营　销　中　心　电　话　010-58802135　010-58802786
北师大出版社教师教育分社微信公众号　京师教师教育

出版发行：北京师范大学出版社　www.bnupg.com
　　　　　北京市西城区新街口外大街 12-3 号
　　　　　邮政编码：100088
印　　刷：天津中印联印务有限公司
经　　销：全国新华书店
开　　本：730 mm×980 mm　1/16
印　　张：18.25
字　　数：220 千字
版　　次：2016 年 1 月第 1 版
印　　次：2022 年 6 月第 6 次印刷
定　　价：62.00 元

策划编辑：倪　花　　　　　　责任编辑：鲍红玉
美术编辑：焦　丽　　　　　　装帧设计：焦　丽
责任校对：陈　民　　　　　　责任印制：马　洁

总　　序

一个好校长，可以成就一所好学校；一批教育家，可以影响国家和民族的未来。为此，《国家中长期教育改革和发展规划纲要（2010—2020年）》提出"要造就一批杰出的教育家"，并大力倡导"教育家办学""创建特色学校"等。要让校长成为教育家，让教育家来管理学校、培养祖国的下一代，使学校成为优质、特色学校，是中国社会发展对学校教育的诉求，也是广大人民群众的呼声。

为促进义务教育学校校长专业发展、建设高素质的校长队伍，深入推进义务教育均衡发展，根据《中华人民共和国教育法》和《中华人民共和国义务教育法》的规定及相关原则，2012年12月，国家教育部出台了《义务教育学校校长专业标准（试行）》（以下简称《标准》）。该《标准》是对义务教育学校合格校长专业素质的基本要求，是制定义务教育学校校长任职资格标准、培训课程标准、考核评价标准等的重要依据。其基本理念主要包括以下五个方面。

第一，以德为先。该《标准》坚持社会主义办学方向，贯彻党和国家的教育方针政策，将社会主义核心价值体系融入学校教育全过程，依法履行法律赋予的权利和义务；热爱教育事业和学校管理工作，具有服务国家、服务人民的社会责任感和使命感；履行职业道德规范，立德树人、为人师表、公正廉洁、关爱师生、尊重师生人格。

第二，育人为本。把促进每个学生健康成长作为学校一切工作的出发点和落脚点，扶持困难群体，推动平等接受教育；遵循教育规律，注重教育内涵发展，始终把全面提高义务教育质量放在重要位置，使每个学生都能接受有质量的义务教育；树立正确的人才观和科学的质量观，全面实施素质教育，为每个学生提供适合的教育，促进学生生动活泼地发展。

第三，引领发展。校长作为学校改革发展的带头人，担负着引领学校和教师发展、促进学生全面发展与个性发展的重任；将发展作为学校工作的第一要务，秉承先进教育理念和管理理念，建立健全学校各项规章制度，完善学校目标管理和绩效管理机制，实施科学、民主管理，推动学校可持续发展。

第四，能力为重。将教育管理理论与学校管理实践相结合，突出学校管理的实践能力和创新能力，不断提高与完善规划学校发展、营造育人文化、领导课程教学、引领教师成长、优化内部管理和调适外部环境等方面的能力；坚持实践、反思、再实践、再反思，强化专业能力提升。

第五，终身学习。牢固树立终身学习的观念，将学习作为改进工作的不竭动力；优化知识结构，提高自身科学文化素养；与时俱进，及时把握国内外教育改革与发展的趋势；注重学习型组织建设，使学校成为师生共同学习的家园。

该《标准》的基本内容分为六大领域，即：规划学校发展、营造育人文化、领导课程教学、引领教师成长、优化内部管理、调适外部环境。每一领域又提出了相应的专业要求，包括：专业理解与认识、专业知识与方法、专业能力与行为三个具体方面。比如在"优化内部管理"方面，其"专业理解与认识"的内容主要有："坚持依法治校，自觉接受师生员工和社会的监督。崇尚以德立校，处事公正、严格律己、廉洁奉献。倡导民主管理和科学管理，坚持教书育人、管理育人、服务育人。""专业知识与方法"的内容主要有："把握国家相关政策对校长的职责定位和工作要求。掌握学校管理的基本理论与方法，了解国内外学校管理的变化趋势。熟悉学校人事财务、资产后勤、校园网络、安全保卫与卫生健康等管理实务。""专业能力与行为"的内容主要有："形成学校领导班子的凝聚力，发挥党组织的政治核心作用，充分听取党组织对学校重大决策的意见。尊重和支持教职工代表大会参与学校管理的民主权利，定期向教职工代表大会报告工作，实行校务会议等管理制度。建立健全学校人事、财务、资产管理等规章制度，提高学校管理规范化水平，不得违反国家规定收取费用，不得以向学生推销或者变相推销商品、服务等方式谋取利益。努力打造平安校园，建立和完善学校各种应急管理机制，定期实施安全演练，正确应对和妥善处置学校突发事件。"

在实施要求方面，该《标准》指出：第一，本《标准》适用于国家和社会力量举办的全日制义务教育学校的正、副校长。各地可据此制订符合本地区实际情况的实施意见，并在执行过程中逐步完善。第二，各地应将该《标准》作为义务教育学校校长队伍建设和校长管理的重要依据，发挥其引领和导向作用，制订校长队伍建设规划、严格任职资格标准、完善校长选拔任用制度、推行校长职级制、建立校长培养培训质量保障体系、形成科学有效的校长队伍建设与管理机制，为实现义务教育均衡发展提供制度保障。第三，有关培训机构要将该《标准》作为校长培养培训的主要依据，重视校长的职业特点，加强相关学科和专业建设。根据校长发展阶段的不同需求，完善培养培训方案、科学设置培养培训课程、改革教育教学方式。注重校长职业理想与职业道德教育，增强校长教书育人、管理育人的责任感和使命感。第四，义务教育学校校长要将该《标准》作为自身专业发展的基本准则。制订自我专业发展规划、爱岗敬业、增强专业发展自觉性；大胆开展学校管理实践，不断创新；积极进行自我评价，主动参加校长培训和自主研修，不断提升专业发展水平，努力成为教育教学和学校管理专家。

为更好地帮助校长在多、杂、碎、烦的学校管理工作中扮演好学校管理者的角色，结合几年来我们参与联合国儿童基金会、国家教育部和有关省市基础教育发展项目的经验，特别是与不同类型学校的校长深度接触、感受其角色、分析其工作、深知校长工作的意义与价值的基础上，我们组织本领域的资深专家、学者共同编写了这套丛书。本套丛书共分六册，分别是《校长如何规划学校发展》《校长如何营造育人文化》《校长如何提升课程领导力》《校长如何引领教师成长》《校长如何优化内部管理》《校长如何调适外部环境》。

在该丛书的编写原则、基本要求上，我们注重：第一，切合中小学校长的阅读口味，让校长喜欢看，具有可读性；第二，以通俗易懂的方式呈现相关理论、模式、策略等，避免理论性过强；第三，注重选择经典案例进行分析；第四，清楚阐明某项事情的具体做法、技术要求等；第五，解决校长的现实困惑，提出明确的注意事项。

　　该丛书在编写思路上强调：第一，从各种相关资料（文献、校长微博或 QQ 等）中呈现校长遇到的某一领域的问题，发现其价值或意义；第二，清楚呈现该领域的核心概念、历史演变、相关理论等；第三，如何有效开展该领域的工作？解读中外经典理论、阐释重要理念，并结合中国实际，说明实施步骤、评价方法等；第四，介绍涉及的技术、模式、策略、方法等，会增加经典案例分析说明；第五，展现不同群体的评价与反思；第六，有关结论及对校长做好该领域工作的意见或建议。

　　真诚祝愿每位校长都能从该丛书中受益，祝大家成为中国的优秀校长。

楚江亭

于北京师范大学英东教育楼

2015 年 2 月 25 日

目　　录

第一部分　优化内部管理的专业
理解与认识

第一章　坚持依法治校

 专业标准

坚持依法治校，自觉接受师生员工和社会的监督。

 标准解读

坚持依法治校，不仅意味着校长运用法规政策治理学校，更强调在学校管理过程中体现法治精神。也就是说，校长要把"法"作为管理学校的依据和最高权威，做到客观公正、秉公执法，营造学校良好法制环境，实现依法育人。

 学校诊断

学校这样做合法吗？

杨先生的孩子在某小学上学。学校每天8点上课，要求学生必须在7点50分前到校，迟到一次罚款10元。某日，杨先生把孩子送到学校时不巧刚过7点50分，结果孩子被学校处以10元罚款。杨先生对此感到非常气愤，他认为学校无权对学生罚款。

孙先生的孩子小峰上初二，染上了抽烟的恶习，经常在课间到学校厕所内抽烟。按照小峰所在学校的规定，学生在校内抽烟，发现

一次罚款 20 元，小峰已被学校罚款两次。

"学校对学生罚款，这些收入最终进了谁的口袋?"家长对学校做法颇有质疑。如果学校把罚款当作一种变相的创收手段，又怎能达到教育学生的目的。学校的职责是教育学生，而不是以罚代教。况且，学生没有收入来源，学校以罚代教最终罚的不是学生而是家长。如果一些被罚款的学生害怕被父母知道，又没钱交罚款，就会想别的办法弄钱，如此一来，反而可能害了学生。但一些老师却认为，老师教育学生时不能打，不能骂，不能体罚，唯一可行的方法就是批判。正值青春期的孩子在被批评教育之后仍然会再犯相似的错误，所以适当的经济处罚能在一定程度上遏制这些孩子的叛逆心理。

学校对违反校规的学生处以一定金额的罚款，这种以罚代教的方式是否能真正起到教育学生的目的? 这样做是否合法? 请谈谈你的看法。

第一节　正确理解依法治校

法治，简而言之就是依法管理。现代社会和传统社会在教育管理上的不同就在于实现了从人治到法治的转变，国家对教育的管理摆脱了过去那种仅靠经验进行管理的方式，转变为以运用法律为主。因而，学校管理中的随意性不断减少，科学性和规范性不断增强，依法治校也成为现代学校管理的首要原则。《中华人民共和国教育法》(以下简称《教育法》，1995 年)第二十九条明确规定，"遵守法律、法规""依法接受监督"是学校以及其他教育机构应该履行的义务。坚持依法治校，一方面有利于学校规范、科学地管理，形成依法决策、民主参与的现代学校制度；另一方面，也有利于提高全校师生员工的法律素养，形成学校良好的法制环境，实现依法育人的目标。

要坚持依法治校，必须正确理解依法治校的内涵。首先，从"依法治校"字面的解释来看，"依"就是"依据""根据"的意思，而"法"则指学校管理所依据之法。"法"是以权利和义务为内容，由国家制定或认可，并且由国家强制力保证实施的调整人们行为的社会规范。"法"有广义和狭义之分，广义上的"法"是指由国家制定或认可，并由国家强制力保证实施的各种行为规范的总称，也就是整体或抽象意义上的法律；狭义上的"法"是指具有立法权的国家机关（在我国是全国人民代表大会及其常务委员会）按照法定的程序制定和颁布的规范性文件，即具体意义上的法律①。依法治校所依据的"法"应从广义的角度来理解，它既包括全国人民代表大会及其常务委员会通过的法律，也包括国务院和原国家教委发布的行政法规和规章等。以我国的教育法律体系为例，全国人民代表大会及其常务委员会通过的法律包括以《宪法》为依据制定的《教育法》《义务教育法》《职业教育法》《高等教育法》《学位条例》《民办教育促进法》和《教师法》七个教育部门法。广义上的"法"除了上述这些规范性文件以外，还有国务院发布的各种教育行政法规（如《学校保护条例》《教育督导条例》《教师职务条例》等），以及地方性法规、自治条例、单行条例和政府规章②。当然，依法治校的"法"不仅包括专门的教育法律、法规和规章，还包括《宪法》中有关学校教育的内容，以及其他与学校教育有关的法律法规、政策制度等规范性文件。所以，依法治校就其字面意思而言，是指严格依照或根据

---

① 尹力，牛志奎，苏林琴. 教育法学[M]. 北京：人民教育出版社，2012：7-8.

② 劳凯声. 变革社会中的教育权与受教育权：教育法学基本问题研究[M]. 北京：教育科学出版社，2003：57-60.

法律、法规和规章制度来开展各种教育教学活动。

其次，从依法治校的主体和对象来看，依法治校有两层含义：一是从教育行政的角度出发，依法治校是政府及其教育行政部门依据法律治理学校；二是从学校内部管理的角度出发，依法治校是学校管理者按照法治的精神，利用法律和规章制度对学校的各项事务进行管理，实现学校管理的法制化和制度化①。通常，依法治校主要是在后一个层面上讲的。对于学校管理者而言，凡属于学校管理的一切范畴均属于依法治校的内容，如学校行政管理、教学管理及德育管理等。

总之，依法治校就是要求校长依法对学校进行管理，不仅要求校长运用各种相关法规政策治理学校和处理一切事务，更要在学校管理中体现法治精神，把法律法规作为管理学校的依据和最高权威，排除非法治状态下的随意性，做到客观公正与秉公执法，形成良好法制环境，实现依法育人。具体来说，依法治校的内涵主要体现在以下几个方面。

一、"有法必依"是依法治校的基本要求

依法治校的前提条件是"有法可依"。随着我国教育法律体系的不断完善，无法可依的状况已经得到改善，"有法可依"的前提已基本具备。在此前提下，"有法必依"则成为依法治校的基本要求。依法，不仅要求校长依照或根据法规政策进行学校管理，更加强调校长"必须"和"应当"根据法规政策进行学校管理。"必须""应当"是依法治校实质性的内涵，是对校长依法治校最基本的要求。也就是说，依照法规政

---

① 余雅风．新编教育法[M]．上海：华东师范大学出版社，2008：28.

策对学校进行的管理不是我们可以依据自己的偏好进行选择的，而是必须这么做；不是因为我们感到对自己有好处的时候就用它，感到对自己有束缚的时候就不用它，而是必须持之以恒地将"法"作为最高的权威和进行学校管理最根本的依据，这是"法治"逻辑的必然要求。当然，"必须"和"应当"这么做，是指我们必须按照法律的规定办事，同时要避免将"依法治校"等同于"以法治校"和"以罚治校"。因为，"以法治校"完全将法律视为管制的手段，是法律功用化、工具化和机械化的体现，它与"依法治校"强调的运用法律思维模式管理学校，体现学校管理中的法治精神是背道而驰的。"以罚治校"是指学校用各种惩罚手段对学生和教师进行管理，学校不是一级行政单位，因而不拥有法律法规所授予的行政处罚权。所以，"以罚治校"是对法律的片面性理解，它不仅不是依法治校，而且这种行为本身就是不合法的。

二、体现法治精神是依法治校的实质

依法治校要求校长运用法规政策治理学校和处理一切事务，其实质是在学校管理中要体现法治精神，即学校在管理和服务上树立法治观念，充分尊重和保障人权，体现公平与正义、自由与和谐等核心价值。"有法必依"只是依法治校的基本要求，依法治校所蕴含的法治逻辑不能简化为不违法或守法，因为这种处理会忽视法治生成的土壤、气候，并最终失去对法治宗旨的终极追求。所以，弘扬现代法治精神乃是校长依法治校的实质性要求。

首先，校长在学校治理和处理学校一切事务的过程中要将"法"作为最高权威和根本依据，树立"法大于权"的观念，用法律制度规制权力，使学校权力的运行纳入秩序化和规范化的轨道。也就是说，校长必须在合法的权限内以及合法的程序下采取合法的行为，保障公平与正义、自由与和谐等核心价值的实现。合法行为是依法治校的最终目标，它依赖于合法的权限和合法的程序。合法的权限意味着校长不能滥用职权，即无论何种原因都不能成为其行为超越法律法规所规定权限的理由。合法的程序要求校长在依法治校中坚持程序性正义的原则，尤其在做出涉及当事人的根本利益或前途的决定时，要给予不利地位一方的当事人申辩、申诉的权利，使当事人受损的权利得到及时的补偿和救济①。这一要求是法治精神的重要体现，尤其是对于我国校长依法治校至关重要。因为在大多数情况下，学校并未在实施处分前给予被处分者任何申辩的机会，而是直接在全校公告处分结果。所以，合法的权限、合法的程序和合法的行为三者缺一不可，三者的有机结合才能保证依法治校遵循法治的逻辑和体现法治的精神。

其次，校长应树立法治观念，不断提高法律意识，努力营造良好的法治环境，依法育人。近年来，我国未成年人犯罪率呈上升趋势。青少年往往欠缺社会经验，法治观念也较为淡薄，再加上身心尚未成熟，很容易由于外界的诱惑而走上违法犯罪的道路。学校是育人的圣地，应当在预防和减少未成年人犯罪中发挥重要作用。因此，校长必须坚持依法治校，校长的法律意识会直接影响到教师和学生。并且，在学校按照法律法规开展教育教学活动的过程中，法治观念、法治精神会潜移默化地转移到学校的文化氛围中。学生作为未来公民所需的法律意识、法治精神在这样的学校文化中得到孕育与培养。所以，校长依法治校的过程，就是法治精神在学校中孕育和形成的过程，也是

---

① 尹力，牛志奎，苏林琴. 教育法学[M]. 北京：人民教育出版社，2012：47-48.

学校实现依法育人的过程。依法治校不仅可以实现校园的内和外顺，形成稳定有序的、文明和谐的学校文化环境，而且培养了学生的法治意识、法律素养和法治精神。

三、完善现代学校制度建设是依法治校的重要目标

依法治校的重要目标是完善现代学校制度建设。教育部颁布的《全面推进依法治校实施纲要（2012 年）》明确指出，全面推进依法治校的总体要求之一就是"要以建设现代学校制度为目标，落实和规范学校办学自主权，形成政府依法管理学校，学校依法办学、自主管理，教师依法执教，社会依法支持和参与学校管理的格局"。由此可见，依法治校突出了制度建设的重要性，要求学校加强章程建设，提高现代学校制度建设的质量。现代学校制度是以现代教育观念为指导，学校依法进行民主管理、自主管理，促进学生、教职工、学校、学校所在社区协调和可持续发展的一套完整的制度体系①。依法治校要求校长在学校内部治理中，增强运用法治思维和法律手段解决问题的能力与水平，不断完善现代学校制度建设。具体来说，校长要转变治理方式，树立牢固的依法治校理念，在教学、管理和服务等方面都要实施依法管理，将依法治校具体化为学校各部门的职责。如教学方面，校长应该引导教师严格依照《教师法》《教师资格条例》等与教学相关的法规政策开展教学活动；管理方面，校长应严格按照《义务教育法》《未成年人保护法》《教师法》等相关法规落实师生主体地位，促进他们参与。并且，校长要依法落实和保障师生的知情权、参与权、表

---

① 李继星.基础教育阶段现代学校制度建设论纲[J].教育理论与实践.2005(2)：18-23.

达权和监督权，建设公正合法、系统完善的现代学校制度。此外，依法治校还要求校长在对学校外部事务的管理中，在与学校外部各组织部门的交往活动中，依法办事，依据《行政法》《民法通则》《教育法》等法律法规维护学校合法权益。当然，依法治校也要求校长依法接受权力机关、行政机关以及社会各界的监督，承担其法定义务，促进学校管理规范化、制度化和程序化，最终完善现代学校制度建设。

第二节　明悉学校法律地位

学校是法律调整的对象，是经主管机关批准设立和登记注册的教育机构，因此，学校是享有一定权利并承担一定义务的社会组织。学校作为事业单位，它明显区别于其他社会组织，公益性是学校组织的根本性特征。因为，教育事业的发展是全社会的共同责任，教育事业必须面向全体公民，对国家、人民和社会的共同利益负责，并且接受国家和社会的依法监督，所有办学主体都应具有公共性，不应以营利为目的[①]。认清学校的公益性是理解学校法律地位的重要前提，校长只有明悉义务教育学校在不同的社会关系中所具有的不同法律地位，才能保证其权力的正确行使，实现依法治校的目的。

一、义务教育学校的法律地位

学校的法律地位，主要是指学校在法律上的归类与定位，以及它相应的权利、责任、能力和无能力[②]。学校处于广泛的社会关系中，

---

① 劳凯声.教育法学[M].沈阳：辽宁大学出版社，2000：90-92.
② 申素平.教育法学原理、规范与应用[M].北京：教育科学出版社，2009：138.

而法律规范调整着社会关系网络中的学校，因而，在不同的社会关系中学校具有不同的法律地位。从我国现行的法律框架来看，义务教育学校的法律地位主要有以下三类①。

(一)作为授权行政主体的法律地位

从学校作为教育机构对教师及学生进行管理和处分的角度，学校具有授权行政主体的地位。义务教育学校作为履行《教育法》赋予的教育教学职责、对教师及学生进行管理的主体，具有法律法规授权的行政主体的身份和地位。因此，学校作为授权行政主体，对教师和学生进行管理，其管理行为必须遵循依法行政原则。

(二)作为行政相对人的法律地位

从学校作为社会组织接受政府行政管理的角度，学校具有行政相对人的法律地位。学校具有依法自主管理内部事务、捍卫自己合法权益、参与国家管理以及对行政机关实施监督和提起诉讼等权利。同时，学校也相应地承担接受中国共产党领导、遵守国家宪法等各类法律法规、执行行政管理法规、接受国家行政机关委托代理执行的义务以及承担违法后行政处罚等义务。

(三)作为民事主体的法律地位

从学校参与民事活动的角度来看，学校具有民事主体的法律地位，具有民事权利并承担民事义务。在教育民事关系中，学校与其他主体的地位是平等的。但是，义务教育学校只是代替国家行使国家教育权，所以，国家会对学校的民事权利能力做出限制性规定。例如，《教育法》规定，诸如学校用地、国家投资的校舍房屋及设备、国家的

---

① 余雅风. 新编教育法[M]. 上海：华东师范大学出版社，2008：100-101.

拨款资金等国有资产只能是国家所有。学校只是依法享有对学校中的国有资产的占有权和使用权，任何组织或个人都不得以任何原因改变其国有性质，做出挪用或占用等违法行为。

总之，义务教育学校处在广泛的社会关系中，扮演着多重角色并具有多种身份。校长要依法治校，首先要明悉义务教育学校的法律地位，认识到教育教学活动中义务教育学校所具有的不同主体资格。这有利于校长更好地把握学校的权利、义务及其应承担的法律责任，确保校长权力的正确行使。

二、义务教育学校校长的权力

我国义务教育学校实行校长负责制，法律赋予了校长对学校进行管理的权力。《教育法》明确规定："学校的教学及其他行政管理，由校长负责。"所以，依法治校就是要求校长遵守法定的管理权限，在其权限范围内进行管理活动，不能越权行事，否则必须承担相应的法律后果。

(一)校长权力的来源及其性质

义务教育学校校长往往是由上级行政主管部门或政府直接任命，校长的权力主要是基于其受政府委托管理学校而产生的公共权力和委托权力；同时，校长依法享有对学校的人、财、物等公共教育资源进行支配的权力，管理学校教育教学事务的权力等，因而，校长权力也是一种制度权力和职位权力。

一方面，校长权力是一种公共权力，具有公共性。校长受政府委托而管理学校，其权力来源于整个国家的公共权力体系，是一种公权力而非私权力；从权力行使的目的来看，是为了使更多的人接受更多、更好的教育，提高全民族的素质，为国家和社会培养人才。基于义务教育学校的公益性以及校长权力的公共性，这种权力是不可放弃的或自由选择的。

另一方面，校长权力也是基于其职位的一种职权，它是由国家的教育法规和教育政策所确认和赋予的。校长的权力与其职位密切相关，具有强制性，权大则力大。这种制度性权力只与职位相关而与校长个体无关，也就是说，必须要在其位，才可能有其权。当然，校长权力是一种学校的内部"管理权"，校长可以根据法律法规对教师和学生进行相关制裁，所以，其权力的实现是以师生的服从为条件的。

(二)校长依法行使其权力的基本原则

权力，通常被认为是通过影响他人行为以实现自己意图的能力。校长权力是基于职位的公权力，因此，校长权力行使的目的只能是为了公共利益，为了保障学校、教师及学生等权益的实现。我国实行校长负责制，就是为了让校长有职有权，从而保障行政命令通达、行政管理高效。目前，校长权力主要包括决策权、教学管理权、人事管理权、财经管理权以及协调公共关系权。决策权指校长对学校行政工作中重大问题的最后决定权；教学管理权涉及校长对课程的编制与实施、教学的开展与评估等所拥有的管理权；人事管理权包括对学生和教职员工的人事管理权；财经管理权是指校长在学校的财政预算、资产设备采购与维护等财务管理方面的权力；协调公共关系权是校长在内部关系协调以及处理学校与政府、学校与社会等方面的权力。依法行使好每一种权力都是校长依法治校的具体体现，也是实现科学民主管理的重要表现。然而，权力的扩张性是权力的本性，罗素说过："爱好权力，犹如好色，是一种强烈的动机，对于大多数人的行为所发生的影响往往超过他们的想象。"①权力欲是产生权力腐败的根源，"权力意志根植于统治他人受其影响和控制的欲望之中"②。因此，作为依法治校的校长，在行使其权力时一定要注意在法治权限内，不能越权行使，更不能违法行使。校长要做到依法行使权力主要应注意以下几条原则。

1. 不违背党的政策方针和国家的法律法规

校长作为一所学校的领导者和法人代表，要负责制定学校发展的决策、方针和政策，并使之与党的政策方针以及国家的法律法规保持一致。同时，校长要加强学校精神文明建设，通过协调学校内各组织之间的关系，使之充分发挥各自职能，同时应保障党员和党组织的模范带头作用。

2. 不违背教育教学规律

坚持依法治校，就是要按照法治的原则和精神管理和规范学校事务，开展教育教学活动，维护师生的合法权益。虽然，公立中小学的校长主要由教育行政主管部门任命，但并不是说他们就只能将上级的指示命令放在第一位。学校是育人的圣地，教书育人是学校的内在职责，要实现人的全面发展必须遵循教育自身的规律性。因此，校长权力的行使不能违背教育教学规律，不能阻碍人自由全面发展目标的实现。

3. 保障权力的公共性

校长权力是一种公共权力，公共性是公共权力的主要特征。校长

---

① ［英］伯特兰·罗素著. 吴友兰译. 权力论［M］. 北京：商务印书馆，2012：216.
② 周振林，李文生，汪松林主编. 领导全书·权力与权威卷［M］. 北京：九州出版社，2001：88-90.

权力的行使应当遵循权力的公共性原则，面向全体儿童，保障每一个儿童受教育的权利。义务教育学校是不以营利为目的的公益性组织，校长权力的行使首先要做到按照国家规定合理安排和使用教育经费，确保其高效使用，不能中饱私囊；其次，校长应确保平等对待所有学生，让每一个学生都能得到全面发展，不能将学校作为营利的工具；最后，校长应在学校中实行民主管理、信息公开，确保教职工、学生及其家长有正常的参与渠道，并且接受他们的监督。

4.权责统一

世上不存在不担当责任的权力，校长被授予权力的同时，也被要求承担相应的责任。然而，在实践中却常常出现权责分离、有权无责的现象。一方面，校长权力极度扩张，校长几乎执掌了所有的关键性权力。"校长负责制"成为"校长专权制"的代名词，教师、学生、家长与社会组织难以真正参与学校管理。另一方面，校长行使权力的同时却没有承担相应的责任，导致了对上负责和对下负责的严重失衡。因此，校长的职责和职权必须协调一致，有多大的权就应负多大的责，做到权责统一。

第三节　提高依法治校的水平

随着依法治国、法治社会等理念的不断深入，学校司法制度的不断健全，法治环境的逐步完善，校长必须改变过去治校过程中常见的经验治校和家长式治校的方式，提高其依法治校的水平。

一、强化依法治校理念，掌握法治管理原则

提高法治意识，转变学校管理理念，是校长依法治校的基础。只

有校长转变观念并提高认识，依法治校才能成为其进行学校管理的自觉行为。要强化依法治校的理念，校长必须认真学习和把握《教育法》确定的基本原则及基本法律制度。《教育法》包含了五项基本原则，即社会主义方向原则、人的全面发展原则、教育公共性原则、公民受教育机会平等原则、教育与宗教相分离原则，它们是学校依法自主办学的根本准则①。《教育法》的基本原则及其相应的教育基本法律制度，如学校教育制度、义务教育制度、国家教育考试制度、教育督导制度等，基本划定了中小学教育活动的法定范围，都是校长依法治校必须遵守的根本准则。

另外，依法治校还要求校长掌握学校法治管理的基本原则，主要包括合法性原则、合理性原则和正当程序原则。

第一，合法性原则是指学校的权力行使必须依据法律法规，不得与之相抵触。合法性原则包括法律优先原则和法律保留原则。法律优先原则是指法律对行政权处于优先的地位，即行政应该受既存法律的约束，学校行政机关不能违反既存法律。法律保留原则是指积极依法行政原则，如学校对学生强制退学就应使用法律保留原则，也就是说，学校不能自行决定退学、开除学籍等处分的条件，而应由立法者以法律形式确定②。第二，合理性原则是指学校的教育管理行为的内容要客观、适度、合乎理性，既要符合立法目的，也要符合教育规律。学校是以教书育人为目的的任务型组织，法律赋予校长的自由裁量权有利于其积极行政，满足高效管理的需要，但如果没有对学校的

---

① 张永华. 论中小学依法治校(下)[J]. 人民教育，2005(7)：22-23.
② 申素平. 教育法学：原理、规范与应用[M]. 北京：教育科学出版社，2009：151-156.

自由裁量权进行合理制约，极易造成权力滥用，造成对师生基本权利的侵害。所以，校长在依法治校的过程中要坚持法治管理的合理性原则，做到客观公正、秉公执法。第三，正当程序原则是指学校管理行为必须遵循正当法律程序。要求校长在依法治校中做到程序公开，增加管理的透明度，将校长置于大众的监督之下，防止"暗箱操作"和不公平现象的发生。

二、依法制定学校章程，完善学校内部管理制度

学校章程和各项管理制度是实施依法治校的重要前提。依法治校的一个重要方面就是要使法律成为学校内部管理的一种有效管理手段，促进学校管理的自制化、规范化，保障学校管理工作的有序、高效。《教育法》规定学校必须要有章程，学校的权力既来自法律规定，也来自学校章程。学校章程是学校在解决实际问题时有章可循的重要保障，可以说是学校的"宪法"。学校章程是学校的组织规程和活动准则，它不能与国家法律法规和行政规章相冲突。校长必须处理好学校规章制度与国家法律法规的关系。也就是说，校长必须在教育法规政策规定的范围内，结合学校的实际情况，依法制定学校章程。教育部《关于加强依法治校工作的若干意见》指出："学校要依据法律法规制定和完善学校章程，经主管教育行政部门审核后，作为学校办学活动的重要依据。"依法制定学校章程，保障学校有依法办学的依据，让有关部门能依法监督学校的办学行为，最终实现依法治校的目的。

校长必须完善学校内部各种管理制度，即学校的各种规章制度。这些规章制度是学校为维护正常的教育教学活动和秩序而依法制定的，是教职员工和学生应当共同遵守的行为规则和办事规程。制度规

范既有实体性规范，也有程序性规范。任何实体性的目标都要借助公正的程序来落实，程序公正是实体公正的保障。因此，校长在完善内部管理制度时，必须注意除了强调管理和决策内容的科学性之外，还应高度关注管理与决策的程序是否合法，进一步规范学校的办事程序。例如，校长应注意学校招收制度的程序合法性和透明性，将招生规模、收费标准和收费项目等事宜对学生、家长和社会公开；校长应建立和规范教师和学生的申诉渠道，以保障师生的合法权益等。总之，只有将实体性规范放在程序性的逻辑框架中，才可能真正实现其实践意义，从而促进学校内部管理制度的不断完善与健全。

三、健全参与机制，加强议事协商

提高依法治校水平要求校长必须健全学校的参与机制，保障职工对重大决策的知情权和参与权。

首先，校长要保障教职工代表大会的定期召开，积极发挥其民主参与和民主管理学校的作用。具体而言，校长应定期向教职工代表大会报告工作，同时听取他们的意见，认真研究和处理会上的提案；校长还应将学校的重大决定，尤其是涉及教职工切身利益的大事交给教代会讨论。这样，校长不但维护了教职员工的合法利益，而且获得了依法行使职权的认同和支持，最终提高依法治校的水平。

其次，坚持校务公开，扩大有序参与，健全社会参与机制。知情权是参与权的基础，落实知情权是为了更好地行使参与权，坚持校务公开是扩大有序参与的前提。在此基础上，校长还应健全社会参与机制，保障教职员工、学生和社会各界的参与。校长尤其应注意通过家长委员会制度促进家校合作与沟通，这样不仅保障了学生家长有效参与学校的管理，而且增加了学校管理和决策的科学性、民主性。

最后，建设平等校园环境，加强各方的议事协商。校长应加强学校管理层同广大师生间的议事协商。虽然，依法治校意在健全学校规章制度，形成校长靠制度说话、严格遵守工作程序并根据章程和制度行使权力的治校方式。但是，依法治校不应仅仅是一种制度性管理，更应该是人性和制度性的完美结合。人性的弱点虽然可以用制度来克服和改造，但人性的优点、潜能只能通过人性管理的艺术来挖掘与发挥。教书育人是学校的核心职能和存在根基，落实师生主体地位，形成自由、平等、公正、法治的育人环境，是学校推进依法治校的落脚点和具体体现。建设平等的校园环境，大力弘扬平等意识，注重对学生和教师权利的尊重和保护；同时，健全学校管理层与广大师生员工的沟通交流途径和机制，既以制度来说话，用法定的形式进行学校管理，又充分体现"以人为本"的思想，尊重和关爱师生员工，加强与他们之间的议事协商。

四、维护学校及师生员工的合法权益

首先，依法治校不仅是校长依法对学校内部进行管理，也是依法对学校、教师和学生合法权益实施的保护。学校组织、师生员工和学校外部组织之间难免会因为种种原因产生各种利益纠纷，依法维护学校及师生员工的合法权益是学校依法治校的重要内容。学校不仅要维护学校及师生员工的合法权益，使之不受侵害。并且，一旦学校与师生员工的合法权益受到侵害，校长应保障他们能及时通过法定程序得以补救。法律不仅是校长管理学校的工具，也是校长保护学校及师生员工合法权益的有力武器。当然，只有校长懂法、知法，他才能及时运用法律来保护学校及其师生员工的合法权益。

其次，学生是学校存在的理由，教师是学校教育教学质量的保证，学校应当依法维护学生的受教育权并尊重教师的合法权益。一方面，学校要尊重学生人格以及其人身权利、财产权利，不得体罚或者变相体罚学生，不能侮辱、歧视学生。如学校不得乱收费，必须按照国家规定向学生收取费用并且要公示收费标准；学校应落实安全制度，建立学生安全和伤害事故的应急处理程序与报告制度，依法妥善处理学生伤害事故等。另一方面，学校要依法聘任教师，依法为教师提供相应的工作条件，保障教师的教育教学权、科学研究和学术活动权、学生管理与学业评定权、参加进修和培训权以及参与学校民主管理权的实现。

最后，健全教师和学生的申诉制度以保障他们的合法权益。学校在对师生做出与其重大权益相关的处分决定时，一是要保障做出决定的主体是合法的。也就是说，这些涉及重大权益的处分必须由校长以学校名义做出，其他任何人未经校长授权不能以学校名义对师生做出任何处理决定。二是要保障处分决定的内容是合法的。任何处分决定不仅要有事实根据，而且还要以法律法规和学校的规章制度为依据，做到合情合理。凡是没有事实根据或国家法律法规和学校规章制度依据的处分决定都不能做出。三是要保障处分决定符合程序公正的原则，即学校做出任何处分师生员工的决定都要遵循先调查后做出决定的基本程序，学校在决定之前还应当实行校内听证制度。在形式上，重大处理决定也要符合规定，即必须经校长办公室以学校文件的形式做出并予以公示。并且，处理决定必须送达本人，不送达给本人则不发生效力。同时，还必须告知被处分的学生和教师，他们享有不服处分决定的申诉权利或者诉讼权利，并有相关制度保障能听取教职员工和学生的申辩或帮助他们寻求司法救济。

 大家谈

魏某诉上海某中学侵害其隐私权、人格权、名誉权案

2002年3月某日晚自修，上海某中学的学生魏某和小云在有20多名学生上自修课的情况下，在教室后排发生的亲吻亲昵举止被学校监控摄像镜头摄下。2003年4月7日，该中学以《校园不文明现象》为题，对学校摄像头所摄制的学生违反校纪校规的情况进行曝光，集中播放摄录的包括以上行为片段在内的校园不文明现象。2003年8月，魏某和小云正式向上海某法院起诉，认为学校侵犯了其隐私权、名誉权和人格权，要求学校公开道歉，并赔偿精神损失费5000元。

上诉人魏某称，上海某中学在公开场合将上诉人与女友的亲昵镜头公开播放是一种侵犯隐私权的行为，虽然学校在已经出现上诉人脸部特征后再打马赛克，其所说的隐形处理已没有意义，公开场合也存在隐私权，学校的管理不能违法，播放录像的行为侵犯了上诉人的名誉权。此外，该中学用监视器全天监视学生侵犯了上诉人的人格权。上海某中学则称，魏某的亲昵行为违反了学校制定的学生行为规范。学校进行播放是以教育为目的，并无侵害魏某隐私权、名誉权的过错，魏某的成绩也未受影响。

一审法院认为：其一，用于监督学生是否遵守纪律的摄像头安装于教室这个公共场所，且原告方在入学时就已被告知摄像头的存在，因而安装摄像头属于一种公开行为，同时我国现有法律也没有禁止学校出于管理的目的使用监控设备；其二，被捕获的当事人的接吻行为

发生在教室这个公共场所，且当时有 20 多名同学在场，因而这一行为不具备私密性，当事人无法对此主张隐私权。因此，学校安装摄像头进行拍摄和播放的行为并不构成对学生隐私权的侵犯。但学校在进行教育管理时，应遵循适应未成年人身心发展特点以及教育和保护相结合的原则，考虑到个体学生的心理承受能力。法院做出一审判决，驳回原告全部诉讼请求。宣判后，原告及代理人当庭表示上诉。

二审法院认为，学校的摄录、播放行为并不具有违法性，主观上并无侵害两上诉人名誉的故意，而且现也无充分证据表明魏某的社会评价因此降低，学校构不成对魏某名誉权的侵害。因此，二审法院做出终审判决：驳回上诉，维持原判；上诉费用全部由原告承担。

魏某的案件尽管法院审理认为学校在教室安装监视器并在校内公开播放拍摄的内容这一行为不具有违法性，但有人认为这并不能说明将监视器拍摄的学生拥抱、接吻的内容公之于众这一行为就是正确的。他们认为学校作为学生的教育、管理和保护者，不能以行使教育管理权为由侵犯学生的具体权利。他们指出，如果学校是为了监督考试以及维护学校正常的教学秩序之用，安装地点是在教室、操场等公共场所，而不是宿舍、厕所、浴池等个人生活的秘密场所，一般认为是合法的。但是如果学校随时打开监视器监视学生的行为，将拍摄的内容公之于众，则可能构成对学生隐私的侵犯。

你认为，学校采用安装监视器的管理措施，将拍摄的内容在学校内播放，是否侵犯学生隐私权？如何看待教室内的隐私权？请谈谈你的看法？作为校长，一方面既要维护学校的教学秩序，另一方面又要保护学生的人格尊严和隐私，你认为学校在安装使用监控器应注意些什么？

在线学习资源

1. 教育法在线　http://www.edulawonline.com/

2. 人民网"法治论坛"　http://bbs1.people.com.cn/board/9.html

3. 中国教育政策研究院　http://ciep.bnu.edu.cn/html/9/s1/index.htm

4. 中国法制新闻网　http://www.fzxww.net/

5. 教育政策法规检索系统　http://fagui.eol.cn/

补充读物

1. 劳凯声．中小学生伤害事故及责任归结问题研究[J]．北京师范大学学报，2004(2)．

2. 褚宏启．论教育法的精神——为了人的自由而全面的发展[M]．北京：教育科学出版社，2013．

第二章　崇尚以德立校

专业标准

崇尚以德立校，处事公正、严格律己、廉洁奉献。

标准解读

以德立校，一是要求校长成为道德领导，把道德因素作为学校办学的重要基石，以道德精神引领学校办学理念。二是要求校长在学校生活中真正落实以德立校的理念，在道德原则的指导下构建有序高效的管理机制，做到处事公正、严格律己和廉洁奉献。三是要求校长能优化与营造学校良好的道德环境，将学校打造成为由学生之德、教师之德和学校之德组成的学习共同体。

学校诊断

情与理之间：这个班到底该咋分

包校长所在的这所学校是省级示范校、市重点高中，每年都有考进清华、北大的学生，其声誉在当地可想而知。声誉同时也是一

种压力。包校长去年调入这所学校，为了能把班分好，开了无数次会。几经讨论，最后规定在新"高一"学生入学前举行摸底考试，根据成绩分出实验、平行和普通三个等级班，实验班根据人数，按照分数高低排序进入；平行班为二档分数学生和一部分择校生；其余的学生平均分班。在师资分配上，实验班的班主任、各科任教师选用年富力强、经验丰富的中年骨干教师；平行班选用教学经验丰富的老教师；为保持"均衡"，普通班的每个班级都有业务素质较高和参加工作时间短（教龄短）的任课教师。学校的管理层达成一致意见，为保证一等班学生的质量，任何人以任何方式打招呼、写条子一概不准开"绿灯"。中考结束后，按照上级规定的"三限"政策和"三七"招生比例，学校顺利地完成了招生任务，接着进行了摸底考试。考试一结束，包校长就带着各科骨干教师和几位办公人员，拉着一车密封的试卷，在众目睽睽之下不知去向。在偏僻幽静的度假村里，教师们紧张地判完试卷，按照分数，先是把一等班分出。分到二等班时，包校长拿出了一叠条子，按照对学校有"利"和"不能得罪"的规则，根据条子上的要求，分好了二等班。

在大家即将为完成任务欢呼雀跃之际，学校留守的副校长打来电话，说十多位教师联合"请愿"，请包校长批准一个学生进一等班。原来，这些教师的户口所在地正位于本市一所重点初中的学区内，他们的孩子今年上初中。

初中赵校长的孩子今年上高中，准备到这所高中就读，但成绩达不到进一等班的要求。老赵早就和老包打过了招呼，一定要进一等班。包校长几次解释都没能使赵校长满意，两位老朋友最后是不欢而散。这不，老赵一看找不到老包，就堂而皇之地告诉那几位教师：学校班级人数紧张，你们孩子可以来，但只能在"学区班"了。有的教师知道内情，就联合起来找到副校长倾诉苦衷。无奈之下，副校长拨通了只有他自己知道的电话号码。包校长也深知高中教师的隐痛：早晨六点半到校，晚上八九点回家，每天为别人孩子呕心沥血，自己孩子难得照顾；如果初中阶段没有养成良好的学习习惯、打好知识基础，到高中阶段就难以应付学习的重负。再说，孩子学习方面出现问题，这些教师也不能安心工作。赵校长就是看准了这一点，以此来要挟。按照以往的经验，只要打开一个"缺口"，就会有其他条子生进来，预计的分班计划就有可能失败。包校长一个人在房间里踱来踱去，思前想后，包校长还是做出了让步。

关于今年分班的原则和标准，包校长和几位校领导一直没有拿定主意。新颁布的《义务教育法》严禁处于义务教育阶段的小学和初中分重点班和非重点班，虽然没有对高中进行硬性规定，但在全社会提倡教育公平、呼唤教育公平的背景下，面对部分家长仍然要求分重点班的呼声，怎么分班的确是道难解之题。这不只是一个管理上的问题，还是一个涉及权利与公平的道德两难问题。本来，分层教学是适应学生知识基础和个性差异的现代教学制度，是符合"因材施教"教学原则的。但包校长"按考试成绩分班"的做法却变成了一个在道德上的"两难问题"，其原因是多方面的。分班看似是一个小问题，但它考验的却是校长、家长乃至社会的公正信念与诚信水平。

请分析包校长"按考试成绩分班"成为道德"两难问题"的原因，并谈谈你对校长在管理学校时所依据的道德原则的认识。

资料来源：《中国教育报》2007年12月25日第7版《情与理之间：这个班到底该咋分》

第一节　以道德精神引领学校办学理念

　　法律与道德都是人类社会中调节人们行为的规范和准则，法律是外部规定性质的"他律"，而道德则是内部性质的"自律"要求。对于学校管理来说，校长要用好法律与道德这两种行为规范对学校进行有效管理，一方面就是要坚持第一章提到的依法治校；另一方面就是要做到以德立校。学校是道德传承、道德弘扬与道德提升的重要场域，培养德、智、体全面发展的人才是学校神圣的使命。这一神圣使命的实现要求校长以道德精神引领学校，把"以德立校"作为学校办学的基本理念。因为，办学理念是学校全体成员的行动指南，它体现了学校的发展目标和方向，引领着全体教职员工朝着既定的教育目标努力拼搏；并且，它还保障了学生的全面发展，使学校培养的学生符合国家和社会对人才培养的要求和期望，使学校办学符合党的教育方针并具有特色。办学理念最终内化为全校师生员工的思想，具体化为制订学校办学目标、管理规划和计划、合理的资源配置、学校组织体系的运行程序，并通过学校管理体制转化为师生的具体行为。所以，只有以道德精神引领学校的办学理念，校长才可能在学校管理中真正落实"以德立校"。要实现这个目标，校长首先应树立"以德立校"的办学理念，其次应在学校办学目标中明确"德"的地位。

一、树立"以德立校"的办学理念

　　"以德治国"是我国政府进行国家治理的基本原则和方针，"以德治国"思想落实到学校也就体现为"以德立校"的办学理念。办学理念是学校办学的理想和信念、灵魂和指针以及学校可持续发展的精神支柱。要树立"以德立校"的办学理念，校长要率先示范。校长是学校的灵魂与核心，在思想品德、气质言行上必须成为师生的表率，成为广大师生的楷模。具体而言，校长要有自己的教育理想和追求，并且在实现自己的理想和追求过程中做到以德修身、以德自律。也就是说，校长必须过好权力关，因为权力是把双刃剑，它既可以用来为广大师生办事和服务，也可以为己谋私利。所以，只有校长不断提升自身的道德素质修养，过好权力关，做到既严于律己、以身作则，又能在学校管理中体现公平、公正与公开。这样，才能够取信于民，实现"以德立校"。

其次，要树立"以德立校"的办学理念，校长必须处理好"依法治校"和"以德立校"的关系。其实，"依法"和"以德"的关系涉及的是外在的他律和内部的自律关系，具体运用到学校管理中也就是要求校长不要只用"硬权力"进行控制，而应多用"软权力"来施加影响。约瑟夫·奈将权力分为硬权力和软权力，硬权力依赖的是劝诱（"胡萝卜"）和威胁（"大棒"）；软权力则是一种影响力，它是吸引民众而不是迫使民众进行改变。这种软权力在政治领域可以是有吸引力的文化、政治价值观和政治制度，被视为合法的或有道义威信的政策等①。在学校管理中，这种软权力的来源之一便是校长的人格魅力，这种人格魅力来自校长的道德修养，对师生的人性关怀；这种人格魅力来自于一种以价值为本的领导力，具体体现为重视情感联结，强调道德责任、自我牺牲、团队合作精神等；这种人格魅力还在于其精神的感召力，它使学校办学理念能成为共同体广泛共享的理想。萨乔万尼也认为，校

---

① 约瑟夫·S·奈著. 门洪华编. 硬权力与软权力[M]. 北京：北京大学出版社，2005：6-7.

长权力发挥的作用是有限的，校长应该成为道德领导。道德领导不是去控制员工，而是善于引导员工的理念，因为控制得越多，得到的顺从反而越少。作为道德领导的校长，总是善于把正确的教育理念转化为教师信念，通过塑造愿景、培植价值和态度，使师生凝聚在校长周围，并朝着学校的办学理念共同努力。

最后，树立"以德立校"的办学理念要求校长加强学校精神文化建设。学校精神文化建设是学校文化建设的核心，它主要体现在加强教师职业道德建设和学生道德教育两方面。一方面，"以德立校"要以教师为本，抓好师德师风建设，提高教师的道德修养水平。教师的道德修养是教师为培养良好的道德品质和心理素质，在完成教育和教学任务过程中，按照教师道德的要求所进行的自我锻炼、自我陶冶、自我改造、自我教育、自我完善的过程①。没有良好的师德，就难以实现以德育人，"以德立校"自然就成为一句空话。另一方面，"以德立校"就是切实把德育放在学校教育工作的首位，努力使学生形成良好的道德品质和良好的行为习惯。德育是将社会道德转化为个体品德的教育，主要涉及对学生进行的思想品质、政治品质和道德品质的教育。德育是中小学素质教育的重要组成部分，对青少年学生健康成长起着极其重要的作用，对学校一切工作具有导向、动力和保证的功能。只有通过以德育人，不断改进道德教育工作方式方法，才可能真正实现"以德立校"的办学理念。

二、确立"德"在学校办学目标中的地位

办学理念是学校发展的指导思想，学校物质文化建设的灵魂。办

---

① 彭正禄. 教师道德［M］. 北京：电子科技大学出版社，1993：9.

学目标以办学理念为依据，办学目标是办学理念的进一步阐释和具体化。作为学校发展前景和定位的办学目标，也是学校未来要达到的质量水平标准。一个明确的、充满生机和活力的办学目标定位，有利于促进学校各项具体目标的顺利实现。学校一切工作的出发点是人才培养，培养的人才必须是未来社会需要之人，这是学校办学目标定位首先要考虑的。但是，无论学校培养何种行业、何种层次的人才，其作为人才的首要条件就是他必须是一个有道德的人，所谓要成才必须先成人。因此，学校办学目标定位必须将"德"放在首位，即确立"德"在学校办学目标中的地位。

首先，校长必须注重对学校办学价值取向进行不断反思和调整，对学校的办学行为不断地进行价值追问，以确保"德"在学校办学目标中应有的地位。价值观念作为人类特有的一种精神形态，它是指人们关于基本价值的信念、信仰、理想系统[1]。校长的价值观念是校长管理行为的灵魂，决定着校长行为的性质和目标方向，直接影响校长行为的效率，影响到学校的发展[2]。长期以来，"应试教育"对校长办学价值观影响较大。在升学取向的影响下，学校全面育人功能往往得不到有效实现。因此，树立"以德立校"的理念，以道德精神引领学校办学的价值观，必须重新确立"德"在学校办学目标中应有的地位。由于价值观念是内隐的，所以，必须通过校长不断地进行自我反思与价值追问，才能确保道德精神在办学目标中得以具体体现和落实。

其次，校长必须有意识地将"德"的因素纳入学校文化的系统之中。要保障道德精神真正成为学校办学目标的内在要素并发挥核心作

---

① 李德顺．价值论［M］．北京：中国人民大学出版社，2007：199.

② 王铁军．校长学［M］．北京：教育出版社，1995：127.

用，校长必须加强学校的精神文化建设。如果学校只是一味地进行校园环境的建设，只是注重外部办学条件和物质因素，忽视了校园人文精神的培植和校风的建设，那么这种学校就不可能有可持续发展的办学能力。因为，有了理念才有信仰，有了信仰才有追求，学校文化对学校发展的影响是整体性的和持续性的，它为学校的发展提供了强大的凝聚力以及抵御困难的精神动力。只有将道德精神融入学校文化系统，才能确保办学目标中"德"的地位并使其真正落实。在办学目标中体现道德精神，校长必须注意避免贴标签以及运动化等形式主义、功利主义倾向。校长应当努力增强道德精神对其他办学要素的引领力，使之成为学校文化的核心，从而更好地实现全面育人的办学目标。具体而言，校长应突出道德在教学领域的引领作用，即将德育有效地融入各科教学中，促进学校道德教育实现途径的多元化。道德教育不是道德说教，而应体现为关于生命尊严、生命自由、生命幸福的人文叙事。道德规范、道德人格、道德境界等道德内容，以什么样的形式呈现在孩子面前，是需要讲究的。德育内容应该是有美感的，有感染力的，这种美应该是一个整体的美，一个具有精神内涵的美。让孩子在道德美的欣赏中，受到道德的熏陶与教育，进而提高道德素养，成长为道德的人。此外，校长还应加强制度建设，以保障学校德育的实施，要彻底改变学校管理中教学与德育"一手硬"与"一手软"的局面。总之，只有将道德精神置于办学目标之首，才可能坚持全面育人与全面管理，并整合各方面教育资源，形成健全德育工作的基本制度。这样，才能营造体现道德精神的学校文化，也才能把学校和教师引导到理想的道德境界。

第二节 以道德原则构建学校管理机制

"以德立校"理念的真正确立主要看它能否在学校管理中发挥作用。萨乔万尼认为,"善意和成功之间的差别很重要,因为尽管学校具有工具性目的,但任何盟约性关系的根本基础仍应当是道德性的"①。也就是说,作为人本真存在方式的道德,也应是学校共同体应然的存在方式。如果学校日常管理过于强调纪律的严格性、可靠性,忽视对师生的道德关怀,就容易形成学校管理中以行政命令为主,以领导的意志与权威将师生置于听命执行的被动状态。教书育人,本应是最具挑战性与创造性的工作,如果把这种工作变成例行公事,那只会影响教师创造性解决问题的能力,也不利于调动他们工作的积极性。所以,学校管理更加需要道德的精神关怀。苏霍姆林斯基曾说:"学校领导首先是教育思想的领导,其次才是行政领导。"也就是说,校长首先是具备卓越的道德领导力,才能引领学校稳步发展。校长要具备卓越的道德领导力,要求校长必须遵循基本的道德原则,并以此构建学校的管理机制。当代哲学家威廉·K·弗兰肯纳提出的公正原则和善行原则是构建学校管理机制,实现"以德立校"的重要道德原则②。

一、公正原则

公正是人类社会永恒的价值追求。《辞海》中对"公正"的解释是:

---

① [美]托马斯·J·萨乔万尼著. 冯大鸣译. 道德领导——抵及学校改善的核心 [M]. 上海:上海教育出版社,2002:121-122.

② [美]托马斯·J·萨乔万尼著. 冯大鸣译. 道德领导——抵及学校改善的核心 [M]. 上海:上海教育出版社,2002:122-125.

"公正"是社会道德范畴和道德品质之一，指从一定原则和规则出发对人们行为和作用所做的相应的评价。也指一种平等的社会状况，即按同一原则和标准对待相同情况的人或事。公正、公平与"私"相对，如大公无私。在任何道德体系中，公正首先是协调人际关系，协调个人同社会集体关系的指导原则和行为规范；其次，由于公正原则或规范在道德规范体系中的突出地位，公正逐渐成为道德评价的重要标准，也是道德的起码标准，凡涉及两人以上利害关系的行为，要判断其是否合乎道德，是不是"善"行，首先要看它是否符合"公正"的要求①。

教育领域的公正是社会公正的重要方面，教育公正的标尺是个体发展上的公正。要真正实现个体发展上的公正，必须将教育系统的外部公正转化为教育系统的内部公正。教育系统的外部公正主要体现为教育制度公正，教育系统的内部公正主要体现为师生交往实践中的公正。所以，要实现公正原则，就要注意教育公正的这种复合性，即"在教育系统公正的内外部整合的层面上，不管是强调内部公正，还是强调外部公正，都必须遵循有利于学生个体身心发展的原则"②。因此，公正原则要求校长对所有人都平等对待与尊重。也就是说，每一个家长、每一个教师、每一个学生、每一个管理者以及学校共同体中每一个其他成员，都必须受到平等、尊重和公平比赛（规则）的对待；校长能够通过对学校组织资源公平合理的分配以使得每一个组织成员都能得其所应得。其次，校长必须明确，公正原则的终极追求就是要实现教育系统公正内外部的有机整合。在公正的学校制度保证下，教师和学生的发展都具有一个宽松自由的环境；同时，伴随着教育系统

① 程立显. 伦理学与社会公正[M]. 北京：北京大学出版社，2002：44.
② 苏君阳. 论教育公正的本质[J]. 复旦教育论坛，2004(5)：33-36.

内部公正的实现，教育系统外部制度公正的水平也会得到不断的提高。

二、善行原则

现代学校管理的趋势就是向着关注人的道德和人性的组织管理方向发展。威廉·K·弗兰肯纳的善行原则是指作为共同体的学校之福祉的关怀。也就是说，每一个家长、每一个教师、每一个学生以及每一个管理者都被视为盟约共同体的学校中相互依存的成员，而且学校所采取的每一项行动都必须是谋求提升这一共同体的福祉。

首先，善行原则要求校长转变领导方式，强调校长在学校管理中必须注重人性关怀。也就是说，校长应在人性本善的基本人性假设上，建立与学校教职员工的协商沟通机制；同时，学校教职员工在人性化的关怀下，也会互相尊重、彼此关怀、乐于付出。所以，充满人性关怀的学校是践行善行原则的学校，在这样的学校中，人的需求得到满足，人的才能得以发挥，人的价值得以实现，最后人的生命质量也得到提升。人性关怀是现代学校管理的重要指导思想，其本质就是尊重人、关心人、培养人以及发展人。人性关怀强调管理过程中人的因素是第一位的，强调人的自觉性和自我实现精神，它把激发和调动人的积极性、主动性和创造性作为学校管理的核心和动力。

其次，善行原则是学校管理中以人为本思想的体现。任何自由、平等的机会和同等的利益，都以人格的平等和自由、人的现实利益为基础的。所以，人本思想否定任何超出于人之上的主宰，它只肯定人是人自身世界的主人，或者说，人是人自身活动的最终目的。以人为本是学校一切管理的基础，它要求校长在学校管理活动中，坚持一切从人的实际情况出发，突出人的主体地位。只有体现了师生主体性的管理，才可能充分调动和激发他们的积极性和创造性，从而达到提高管理效率、促进人不断发展的目的。具体来说，一是校长要认识到学校管理过程的起点必须是人。所以，在学校管理中必须将满足师生物质需要和精神需求放在首位，将实现人的发展以及发挥人的才能作为学校管理的终极目标。二是学校管理手段和措施的中心必须是人。人是管理的客体，所以各种管理措施和手段都是通过作用于被管理的人而实现的，因此，必须调动师生的能动作用才能保证手段和措施的有效性。最后，学校管理活动最终的结果是促进人的发展。学校是一个道德共同体，无论是管理者还是师生员工，都是学校的主人。所以，让所有成员与学校共生共长、共同分享学校的成果，才能真正形成命运共同体，在共同的发展中获得幸福。

三、以道德原则构建学校管理机制应注意的问题

校长是全面负责和统一领导学校工作的灵魂人物，在学校日常事务的管理中具有决定权与支配权。过于集中的管理权力会造成部分校长的独断专行、我行我素和以权压人，使得公正性在学校管理活动中丧失。同时，由于校长听不进任何教师的意见，还可能对提意见的教师进行打击报复、以势压人，在学校管理中不能做到"一碗水端平"，必然引起学校内部教职员工的普遍不满。所以，要落实"以德立校"的理念，校长必须坚持公正原则和善行原则，并以此构建学校管理机制。在以道德原则构建学校管理机制的过程中，校长要注意以下几个方面的问题。

（一）坚持事实公正与价值公正的统一

对于学校管理者而言，公正是实现学生自由全面发展、共同体成

员幸福生活的价值目标。以公正原则构建学校管理机制不仅可以推动学校不断向前发展，而且由于"公正"本身就蕴含着巨大的凝聚力，它还有利于形成学校公正的秩序。但是，在运用公正原则的过程中必须要注意坚持事实公正与价值公正的统一。事实公正与价值公正是教育公正的两种形态，事实公正即制度公正，价值公正即观念公正。事实公正与价值公正的分离既源于人们对公正认知的麻木与困惑，也源于某种强权、垄断与专制。如果不能将事实公正与价值公正有机统一，就会导致人们产生公正性抱怨，进而影响制度的稳定性以及学生身心的自由发展①。具体来说，校长首先要把师生员工当作与自己一样的人来看待。管理者与被管理者在人格上是平等的，他们并不是对立的两极，只是各自的职责不同而已。所以，校长树立一视同仁的公正观念是坚持公正原则的首要条件。其次，不仅在观念上做到对所有人一视同仁地公正对待，而且还要制订并实行统一的标准，以制度建设来保证学校共同体内所有成员具有同等的发展机会，如职位晋升机会、学习与提高的机会以及报酬获得的机会等。最后，要以公正的制度建设来实现学校资源分配的公正，即按照每个共同体成员所投入的劳动和所做出的贡献进行公平合理的分配，使得每个人"得其所应得"。

（二）注重将信任关系作为构建学校管理机制的道德资源

善行原则强调学校管理中的人性关怀和以人为本的思想，也就是说，校长应该关注人的价值和尊严。以善行原则构建学校管理机制时必须注意人际信任关系的建立，包括校长与广大师生员工间、教师与学生间、教师之间和学生之间的信任关系。"作为学校进步的一种社

---

① 苏君阳. 公正与教育［M］. 北京：北京师范大学出版社，2008：139-142.

会资源，关系中的彼此信任可以促进信仰、价值观、组织的日常工作和个人行为等方面的发展。而这一切又促使学生积极行动、认真学习"①。所以，校长应将彼此间的信任关系作为重要的道德资源，以便能在日常管理中实现人本关怀，即切实地关心、尊重教师，用共同的目标激励广大师生员工，使他们能够不断发展自我、实现自我。因为，学校校长是增强彼此信任关系的关键人物，他既要表现出这种信任，又要在学校营造出一种有着信任关系的文化氛围。雷纳等指出，信任有三种类型：第一种是能力信任，即信其本领；第二种是契约信任，即信其品格；第三种是沟通信任，即信其坦言（见表 2-1）②。从这三种类型的信任中可以看出，信任关系是逐步形成的，而且校长必须对学校管理文化中的这种信任关系加以指导和培养。

表 2-1　雷纳(1999)信任的三种类型

信任的类型	主要内容
能力信任 （信其本领）	• 尊重他人的知识、技能和本领 • 尊重他人的判断 • 欢迎他人的参与，并寻求来自他们的帮助 • 帮助他人学习技能
契约信任 （信其品格）	• 使期望适中 • 界限明确 • 委托要适当 • 鼓励互助意向 • 尊重协议 • 具备一致性

① ［加］迈克尔·富兰.学校领导的道德使命［M］.北京：教育科学出版社，2005：45.

② ［加］迈克尔·富兰.学校领导的道德使命［M］.北京：教育科学出版社，2005：70-71.

信任的类型	主要内容
沟通信任 （信其坦言）	• 分享信息 • 说真话 • 勇于承认错误 • 提供和获取建设性反馈 • 做好保密工作 • 多说有益的话

注：此表根据迈克尔·富兰《学校领导的道德使命》中的相关内容整理而成。

　　基于上述三种信任，校长首先要努力提高自己的能力，让共同体成员"信其本领"。也就是说，校长个人能力的高低直接影响着学校的发展以及他同广大师生员工间信任关系的形成。具备卓越道德领导力的校长，必须具有先进的教育理念，意识到自身承担的学校发展使命，并且能充分运用自身的影响力与感召力统筹规划与协调，带领教师员工有效地开展教育教学工作，促进学校目标的实现。所以，校长必须注重自身的道德修养，提高道德素质，转变学校管理理念和方式，重构学校内部管理机制，从而凭借自身卓越的道德领导力赢得广大师生员工的信任。其次，校长必须培养团队精神，促进契约信任的形成，使共同体成员能"信其品格"。只有在共同价值观念、高涨的士气、团结与友爱、格调高尚的共同意愿和情感体验支配下，团队成员才会互相关心、互相帮助和互相信任。契约信任需要建立在团队精神的基础上，团队成员的主人翁责任感使他们努力地、自觉地去维护学校的集体荣誉，并以坚定的、相互间的信任来约束自己的行为，使自己自觉以团队的整体利益为行动的出发点。最后，校长要让共同体成员"信其坦言"，必须建构民主对话的沟通机制，实现沟通信任。对话是学校管理者与被管理者之间在心灵上的交流与沟通，沟通信任体现为建立在相互信任基础上的持续对话。在这样的持续性对话中，对话双方均对对方的力量深信不疑。所以，信任是对话的前提，如果对话双方相互猜疑、钩心斗角，那么真正的对话便不可能发生。当校长与师生员工建立了这样的对话沟通机制，也就建构了他们之间的沟通信任。

第三节　营造与优化良好的道德环境

道德环境是直接或间接影响个体道德品质形成、发展，除了个体自身之外的各种因素的总和。学校道德环境是影响学生道德认识、道德情感、道德意志的发展、道德素质的形成以及进行道德实践的各种因素的总和。学校良好的道德环境可以促进学校可持续性发展，增强学校的凝聚力，提升师生的人性，保障师生人格的健全，它是学校重要的、无形的资源。因为，道德环境营造了一种精神氛围，它会影响师生的精神状态和精神风貌，形成校园团结和谐的人际关系、教师敬业爱岗的事业心、学生诚实守信的态度；它也会提升学校道德的高度和道德的力量，促使学校发展成为具有学生之德、教师之德和学校之德的学习共同体。

一、学校道德环境的构成要素

道德环境是由多种因素相互影响、相互制约、相互作用而形成的复杂统一体，它是一个多维、多元、多层次的综合系统。一般地说，道德环境既包括社会制度、社会风气、社会文化氛围，也包括学校、家庭和群体等具体生活环境。对学校道德环境而言，根据道德活动的空间分为学校内部道德环境和学校外部道德环境两个部分，学校内部道德环境也称校园道德环境，学校外部道德环境也称社会道德环境。学校组织是一个自然开放的系统，校园道德环境与社会道德环境不可能截然分开，它们是密切相关的。社会制度、社会风气和社会文化必然会通过影响学校中个体的道德品质而影响整个学校内部的道德环境，当然，校园道德环境也会对学校内成员道德精神风貌进行熏陶与感染，最终通过作用于个体而影响整个社会的道德风貌。因此，校园道德环境与社会道德环境相辅相成、密切相连。对于学校管理而言，社会环境的作用不可忽视，但校长更应从学校内部道德环境入手，这是校长实践"以德立校"理念最为紧迫的任务，也最具可行性。学校内部道德环境，即校园道德环境的构成要素主要包括以下几个方面。

(一)学校道德风尚

学校道德风尚是学校共同体成员群体道德行为倾向的反映，它是学校绝大多数师生员工共同认可并履行的道德行为规范，并在此基础上所形成和表现出来的人们的道德精神面貌。学校道德风尚反映出学校绝大多数师生的道德水平，它是校园道德环境状况的指示器，是人们道德言行以及道德评价的现实坐标，平常我们所说的校风、班风，都是校园道德风尚的体现。学校道德风尚一旦形成，它就会以强大的舆论和习惯形式影响师生的言行，促进他们中大多数人采取与道德行为规范相符合的某种普遍的、共同的行为，呈现出整个学校和谐统一的道德精神面貌。

(二)学校道德领导

学校道德领导发挥着学校道德示范的作用，他的道德言行会对师生的道德言行产生重要影响，成为师生员工们效仿的榜样。萨乔万尼认为，学校道德领导就是领导者以道德权威为基础，甄别并确定学校这个学习共同体核心的价值观，建构学校共同愿景与理念，教师基于责任和义务对共享的价值观、理念和愿景做出回应，在团队精神下相互协作，进而发挥领导的效能①。道德领导实质阐释了通过价值进行领导的思想，在这样的导向下会出现一种人人为学校尽责的倾向，出现许多"领导的替身"。"领导的替身"是指那些可以替代领导的因素，它可以是学校共同体成员对共享价值观的承诺，也可以是工作本身带来的愉悦感，还可以是团结的工作群体等。由于这些可以替代领导的因素存在，原来在控制和督导方面起作用的领导也就失去了存在意义。最终，在道德领导的引领下，学校教师员工实现自我领导，达到自我管理的理想境界。同时，在道德承诺的动机驱使下，教师也成为道德示范的中心，践行"学高为师，身正为范"的教育信条，成为学生学习的榜样和效仿的道德楷模。

(三)校园道德舆论

"舆论"就是公众意见，道德舆论则是影响和评价道德现象的公众意见，而且是评价道德现象的重要标准。道德舆论是在一定范围内为人们普遍接受的并且具有心理约束力的道德评价或道德言论，它是一种群体的道德态度倾向。道德舆论在整个社会舆论中具有主导地位，它不仅具有其他社会舆论的一般特征，而且对其他舆论有支配和引导的作用。所以，道德舆论是一种巨大的精神力量，它不仅对个体的社会道德生活产生重大影响，还对个体的道德心理活动具有重要的导向作用。学校的道德舆论主要表现为学校舆论宣传的内容、导向以及学校内道德评价的标准与水平。学校道德舆论是学校道德环境的重要组

---

① 李军. 萨乔万尼论学校道德领导[J]. 外国教育研究，2003(10)：6-8.

成部分，它起着道德信息传递与道德价值导向的作用，对学校道德风尚和共同体成员道德品质的形成都具有重大影响。

（四）学校物理环境

学校的物理环境是由校园建筑、雕塑、标牌语、校园绿地、校服等构成的物质环境。学校物理环境不仅仅是物理建筑物的表现形式，更重要的是它反映了学校的办学理念和价值观，负载了一所学校的历史和传统。所以，学校的物理环境都是学校的价值观和审美观的反映，校园的一草一木均表达着学校所秉承的文化传统以及学校的育人理念。对于生活在校园中的师生来说，物质景观不是没有意义的事物，而是一种蕴意学校文化或某种道德精神的"文本"。师生们对这种"文本"的解读与对话的过程，也就是学校传递其文化观、道德观、育人观的过程。因此，校园物理环境是学校道德环境的重要组成部分。

二、学校良好道德环境的作用

人的道德品质不是与生俱来的，它要受一定社会环境和社会物质生活条件的制约，所以不同的道德环境将铸造出不同道德品质的人。具体来说，学校道德环境对学校共同体各成员的道德品质主要具有以下几个功能：

（一）导向功能

学校良好的道德环境可以通过规范引导、舆论评价以及宣传鼓舞等方式对师生员工进行指导，使他们能明确认识，提高道德精神境界。一方面，学校良好的道德环境可以增强师生员工的道德责任感，进而影响他们的道德认识和道德行为；另一方面，在学校良好道德环境的熏陶下，德育的意向通过环境传递给学生，进而通过对学生心理上的潜移默化作用，引导学生道德发展方向。总之，良好的学校道德环境塑造了学校共同体成员高尚的品质，引导他们走向自我的完善，使他们的人性不断得以升华。

(二)规范功能

道德是规则制约的，道德规则在人类生活中具有不容忽视的重要性。一方面，道德规则就是游戏中的王牌，能够推翻其他所有考虑；另一方面，道德规则不仅要求服从，而且它是必要的、强制的和普遍的①。所以，道德由普遍的规则构成，规范性是道德的根本属性。正因如此，道德环境对人们的行为具有规范功能。也就是说，良好的学校道德环境一旦形成，就会生成一种道德气氛和无形的压力，使广大师生员工自觉地规范自己的思想和行为。在学校良好的道德环境中，人们会感受到学校的道德规范要求，而且，他们不得不尽快消除自身道德现状与道德环境的差距。因此，良好的学校道德环境对师生员工道德品质的养成和发展都会产生一种规范作用。

(三)激励、协调与凝聚功能

良好的学校道德环境有利于生成积极的道德情境，而这种情境性的道德环境又能对个体产生激励作用。因为，良好的学校道德环境会形成令人愉快的社会心理氛围，师生受到感染会更加开朗乐观与积极向上，个人的心智潜能都能得到激发。其次，良好的学校道德环境能够协调人们之间的利益关系，化解不同利益群体之间的矛盾和冲突，促进人际和谐，从而增强学校的凝聚力。学校良好的道德环境，可以促进共同体成员建立相互尊重、相互关心和相互帮助的关系，使师生

---

① 徐向东.自我、他人与道德——道德哲学导论(上)[M].北京：商务印书馆，2007：21-25.

员工心情舒畅、团结一致，并为实现学校共同体的价值与理念而共同奋斗。

三、营造与优化学校良好道德环境的策略

学校是传授文化知识、培育未来社会所需人才的主要场所。一个人道德品质的形成、科学素养的培育和文化知识的掌握基本上都来自学校教育。所以，校长能否实现"以德立校"，学校能否营造良好的道德环境，实施环境育人，直接关系着把学生培养成为什么样的人。尤其是长期以来，在应试教育价值取向的绑架下，学校并未成为对学生进行人生训导和品格塑造的场所，造成学生出现知行脱节、缺乏理想、社会责任感以及敬业精神降低等不良品质。因此，学校急需重塑"以德立校"的基本理念，重视学校物理环境、道德风尚与道德舆论的建设，在道德领导的引领下凝聚为一个具有高度的学生之德、教师之德和学校之德的共同体。校长为实现此目的，需要营造与优化学校良好的道德环境，可以从以下几个方面进行。

(一)树立正确的德育观，强化环境育人的意识

营造与优化学校良好的道德环境要求校长树立正确的德育观，充分认识到环境育人的重要性。首先，校长要正确认识学校道德环境诸因素的地位和功能，充分认识学校道德风尚、道德舆论和物理环境对学生道德品质形成的重要影响，将德育工作纳入有序的管理系统之中，尤其对学校道德环境开展综合的治理。校长应在正确的德育观下，改进已有的德育工作方式，避免"左突右击"式的德育工作方式。从根本上说，校长必须将德育工作放在首位，克服学校管理的片面管理观，构建系统管理观和全面育人的理念。其次，学校管理的各项内

容是相互联系和相互作用的，校长必须充分发挥德育在学校管理系统中的主导作用，建立学校的德育阵地。也就是说，学校全部管理活动与教学工作都应受到道德原则的指导，在学校管理中真正体现"以德立校"的理念。再次，校长要强化环境育人的意识。学校是自然开放的系统，它与外界不断发生着交互作用，因而校长要努力将社会积极的影响转化成为学校的道德环境。同时，要使这些积极因素或良好的道德环境对学生的道德品质发展产生积极影响，校长还必须引领教师在正确的德育方向下，积极探索学生道德品质形成的"最近发展区"，力图使其所施加的影响符合学生道德发展的需要。

(二)净化学校风气，形成正确的道德舆论

学生道德品质的发展、教师道德素养的提高均受到学校文化环境的制约。学校师生置身于何种文化氛围之中，对他们的道德品质的形成与发展至关重要。因为，人的品德的形成和发展实质上是在人与环境交互作用过程中，选择和接受了一定的价值观，并把公认的道德规范内化为自己的思想品质、理想信念，最终成为自己的行为习惯的过程。所以，学校道德风尚、道德舆论氛围对师生道德品质的形成与发展发挥着非常重要的作用。因此，校长应该首先注重校风建设，净化学校风气，坚决将不良社会风气斥于校门之外，扬正抑邪，保持学校殿堂的圣洁性和神圣性。尤其是近年来，功利化、商业化、物欲化的不良社会风气不断侵蚀校园，学校急需重建一个公正与公平、互爱与关怀的充满人性的教育场域。所以，校长要在学校中大力宣传好人好事，提高道德榜样的可信度和感召力，充分发挥道德榜样的示范与辐射作用；同时还要引导师生员工开展道德评价，实行广泛的道德舆论监督。总之，校长必须通过各种渠道和途径加强学校道德舆论的导向作用，但必须确保舆论传播的正确导向。

（三）构建凝聚道德精神的学校共同体

营造与优化学校良好的道德环境需要道德领导的引领，而道德领导很重要的一个方面就是用道德精神将学校凝聚成为一个共同体。在这个共同体中，家长、学生和教师通过共享的价值观维系在一起，"成员间的联结形式很像我们家庭中、邻里间或其他某种紧密结合的团体中看到的那种家庭式的甚至是神圣化的联结"①。因此，共同体中成员与他人建立关系是由于他们有共同的意向，依靠的是道德规范、共同目的、价值观、团队精神等，而非依靠外在的控制标准。道德领导是具有伦理批判精神，在学校管理中落实公平与正义，并能对教职员工具有道德关怀的学校管理者，将学校建构成为道德共同体是他的核心使命。作为道德领导的校长必须明白，学校所有道德规范都应出自于人性的需要和追求，必须注重发挥学校共同体成员的主体性，在学校管理中尊重、关心和理解他们。总之，要将学校构建为一个凝聚着道德精神的共同体，既需要校长提高自身的道德水平，改善自己的领导方式，也需要校长具有构建学校共同体的价值观念。当然，这种凝聚着道德精神的学校共同体更需要学校全体成员能基于承诺的责任与义务，在团队精神下相互合作，积极开展道德的文化互动，最终形成并维持学校良好的道德气候。

---

① ［美］托马斯·J·萨乔万尼著．冯大鸣译．道德领导——抵及学校改善的核心［M］．上海：上海教育出版社，2002：57．

❓大家谈

某学校在校生两千多人，学生素质较差，多数人有很多不良习惯：打架斗殴、起哄骂人、口吐脏字、抽烟喝酒、破坏公物，甚至抢劫盗窃。现在，新校长上任后碰到了一系列问题。

其一，学校的一个计算机房连续三次被盗，盗窃时间间隔均在一到两个月，所丢的都是计算机的内存条和硬盘。第一次失窃后，学校将所有的计算机房都安装了防盗门。第二次防盗门被撬开了，计算机房再次被窃。第三次失窃后，学校在所有机房都安装了远距离防盗报警器。三次失窃事件公安机关均介入其中，但至今未破案。当然有过第四次盗窃，但由于防盗报警器的及时报警而未失窃。以前，计算机房上课时丢失内存条的现象也曾发生过，但仅限于一两台机器，在老师的严密追查下，盗窃者将内存条从邮局寄回。像这种大规模、连续的盗窃还是罕见的。

其二，学校的公物经常遭到破坏。楼道里的开关经常被砸坏，有时刚刚修好，第二天又被砸坏。教学楼二层有间办公室，某个星期一发现有一块玻璃被砸碎了，修理好后过了两天这块玻璃又被砸碎，再次被修理好后又过了一个星期，这个办公室的13块玻璃竟全被砸光。另外，诸如将干粉灭火器在教室里狂喷，将不锈钢的果皮箱个个踢扁，将墙上贴的宣传标语撕毁等现象更是家常便饭。

其三，学校的学习风气极差。在课堂上大声说话、打闹、随意溜出教室、逃课缺席的学生比比皆是。上课睡觉的学生是好的，至少他不捣乱。老师留的作业若有10%的学生去做，这个班就非常不错了，不过，其中不乏用复写纸处理的作业。上课时搂抱接吻的学生时有所见，下课后去厕所抽烟已不是秘密。至于上课时用手机互相联系更是家常便饭。

其四，学校规定学生要穿校服，但是每个班不穿校服的学生总要占到三分之一。有的学生虽然身穿校服，但是校服上画满了各种图案，或是绣上、贴上各种图形。若要问起学生为什么要绣、要贴图案，回答总是"校服上破了个洞补上的"。另外，学校规定学生不能佩戴首饰，但是女生几乎100％佩戴项链或者戒指，而男生佩戴耳钉或耳环者也不在少数。

资料来源：程凤春主编．学校管理的50个典型案例［M］．上海：华东师范大学出版社，2009．

请结合上述案例，分析一下在道德管理方面，新任校长应采取何种管理方式？针对学生的特点，应采取何种有效的措施？学生学习风气差、道德问题严重，严重影响了学校的正常运作，作为新任校长，你如何扭转局面？学校的工作重点在哪儿？

 在线学习资源

1. 思想道德网中国青年网　http：//daode.youth.cn/
2. 中国道德教育网　http：//www.chinadaodejiaoyu.com/

补充读物

蔡怡，申沁．萨乔万尼道德领导思想研究［M］．武汉：湖北教育出版社，2009．

第三章　倡导民主管理和科学管理

 专业标准

倡导民主管理和科学管理，坚持教书育人、管理育人、服务育人。

 标准解读

学校民主管理和科学管理要求校长能够用"以人为本"的管理思想对学校进行管理，强调尊重人、关心人、培养人和发展人，强化学校教师、学生和家长的主人翁意识并促使其共同参与学校管理，在管理中遵循学生身心发展规律，遵循教育发展规律，并能够促进教师的自我发展。学校民主管理和科学管理要求始终将民主和科学贯穿于学校管理的每一部分，加强自我的民主管理和科学管理意识，加强对教师和学生的民主和科学教育，努力维系良好的校园人际环境，充分尊重教师和学生的个性差异，建立合理的学校制度，使得学校在民主管理和科学管理之中高效运行并能不断发展。

学校诊断

请你来做校长

丁校长与学校教师有一个约定，每周五放学后学校开展"执行校长专题会议"。每周的执行校长都不同，由全体教师按周轮流担任，在这一周内，教师要按照"执行校长制度"全面主持学校的工作，履行校长的职责，思考学校的发展，运用管理的艺术。

"执行校长制度"包括以下内容：

阳光寄语：周一早上在学校移动黑板上写一句有激励性的话语。

快乐早晨：邀请校长与其一起走遍每个办公室，给老师们送去快乐问候，征求老师们的意见，了解心声，记下需要，给予每个办公团队鼓励。

巡视校园：巡视校园检查学校领导、教师值班情况，了解教师课程计划和上课情况，处理偶发事件，解决矛盾问题，协调关系。

相约网络：周四晚上，执行校长在学校网站论坛"相约星期四"栏目中发表观点、推荐读物、提供案例等。

执行校长专题会议：在一周的工作结束后，总结思考，召开执行校长专题会议，会议内容有：时政新闻、教育视窗、校园风景、课堂在线、工作感言、主题研讨等。

阳光传递：对本周执行校长工作进行自评和他评之后，将执行校长神圣的使命传递给下周的执行校长，交流心得、沟通方法。

课堂在线：邀请学校任何一位成员去听课，听完课后开座谈会，及时交换听课意见，并要求其做好对两个学生的跟踪记录和评课记录。

阳光之约：周四中午召开学生座谈会，了解学生眼中的学校、教师，聆听孩子们真实的想法并对孩子们的疑惑进行解答。

列席会议：参加学校校委会，倾听校委会成员一周工作完成情况和下周工作计划并发表意见，陈述一周学校工作亮点和问题，共同研究。

咖啡时光：放学后，自主约请几位教授到学校的"田园休闲吧"谈心，喝咖啡、听音乐、推荐书籍，在宽松的氛围中交流心声，解决问题。

这项制度实施以来，深受教师和学生的欢迎。曾有一位执行校长说过："虽然我这一周很累，但我感觉到自己是学校真正的主人，劳累并快乐着。"

资料来源：陈兴杰.优秀校长99个成功的管理细节[M].上海：华东师范大学出版社，2010，6：39-41.

该项制度是建立在校长和教师共同认可的基础之上，是集体的意愿，是大家共同商议后的结果，是民主的体现。校长通过授权，给予教师相应的权力和责任，充分发掘教师身上的管理才能，促进教师对学校归属感和主人翁意识的增加。校长要充分地信任教师，尊重教师，给予教师发展的空间，创设促进教师发展的平台。通过执行校长制度，也能够让教师了解校长工作的具体内容，进行换位思考，从而让教师清楚学校发展的目标，更加支持校长工作。

第一节　理解学校民主管理和科学管理的内涵

一、民主与科学的内涵

在我国，自五四运动开始，"民主"和"科学"的观念就影响了一代又一代人，至今"德先生"和"赛先生"的名称已不陌生，在诸多领域，"民主"和"科学"也成为各种管理活动的重要内容，教育领域也是如此。

(一)何为民主

民主是人类社会两千五百年至今不衰的主题，在当今社会，民主已然成为人们共同追求的价值取向。"民主作为人类追求的理想和现代社会发展的基本目标，已成为一种汹涌澎湃的世界潮流……民主原则对管理活动同样有着十分重要而普遍的意义。"[①]从词源的角度分析，"民主"一词最早来自希腊语，可翻译为"人民的统治或多数人的统治"，是与政治话题有着密切关系的，从公民权利角度而言，民主也曾被定义为公民参与[②]，科恩曾指出："民主是一种社会管理体制，在该体制中，社会成员大体上能直接或间接地参与或可以参与影响全体成员的决策。"[③]俞可平教授则提出，民主是一种个人的权利可以从中得到最充分保障的状态，同时也是一种过程或程序，个人的自由平等的权利只有在这种过程中才能实现[④]。对民主的解释繁多，可以说是

---

① 戴木才. 管理的伦理法则[M]. 南昌：江西人民出版社，2001：230.

② 赵成根. 民主与公共决策研究[M]. 哈尔滨：黑龙江人民出版社，2000：51.

③ [美]卡尔·科恩. 论民主[M]. 北京：商务印书馆，1988：10.

④ 俞可平. 民主与陀螺[M]. 北京：北京大学出版社，2006：24-25.

一种过程或方法，也可以说是一种制度，也可以说是一种抽象的价值理论，但是纵观民主的这些角色，不难发现它多多少少包含着自由、平等、公正的理念，也多多少少体现着人类盼望能够拥有表达自己意志和追求平等的权利。

（二）何为科学

科学的内涵同样丰富，从词源的角度分析，"科学"一词同样来自于希腊语，它的本义为"知识或学问"，包括自然科学和人文科学，只是后来出现了转义，使得科学被狭义地理解为"自然科学"。当将科学作为知识体系解释时，康德从科学的词源和德语语境出发，给科学下了一个定义："每一种学问，只要其任务是按照一定的原则建立一个完整的知识的话，皆可被称为科学。"①《苏联大百科全书》第二版的定义是："科学是在社会实践的基础上历史地形成的和不断发展的关于自然界、社会和思维及其客观发展规律的知识体系。"② 作为知识体系的一种外延，科学能够解释为一种门类的学科总称或科学的各个分支学科，就如同我们所提到的自然科学，其中包含了物理、化学、生物、数学等学科。同时，科学也是人类探索世界的一种方法，可与"研究"相联系，就如莫兰所说，"科学是人类为取得真实知识而进行的一种系统的精神探索"。③ 科学是一个庞大的体系，对它的解释难以全面，它不似"知识或学问"这个意义这么简单，它也可以与学科同义，如"政治科学"，提到科学方法和科学技术之时，它又与技术或方法同义，提及科学态度和科学精神之时，它又呈现为一种形而上的状态，与精神、态度同义。对科学下一个简明而精确的定义，界定科学

---

① ② 李醒民. 科学是什么[J]. 湖南社会科学，2007(1)：1.
③ 李醒民. 科学是什么[J]. 湖南社会科学，2007(1)：2.

的内涵和外延是相当困难的，但尽管人们众说纷纭，莫衷一是，在对科学内涵以及其他有关问题的认知上还是大体一致的：科学是一种知识体系、研究过程和社会建制[①]。

二、学校民主管理与科学管理的内涵和特征

20世纪以来，管理理论可以说是流派丰富，内容纷呈，从古典管理理论到人性的管理理论再到系统权变的管理理论，管理主张从以组织制度为基础到以人为基础再到提倡以适应和变化为基础，管理理论的发展逐渐地突出了对人的关注和关怀，越来越重视管理的多元性和灵活性。民主管理是一种重视共同商议共同决策的管理模式，科学管理是一种强调遵循科学规律的管理模式，可以说是管理转向以人为目的的具体体现，是现代管理观念不可或缺的部分。学校管理属于管理活动，学校管理理念与管理理论的发展也有着千丝万缕的关系。在管理理论日益强调"人"和"多元"的当代社会，学校管理理念自然要跟上时代的脚步，倡导民主管理和科学管理。

(一)学校民主管理

对于什么是学校民主管理，学者们的理解和看法不同，取决于学校管理者对民主的理解。有学者认为，学校民主管理包含民主决策、民主评选、民主监督、民主评价等多方面的内容，还包括学校领导民主作风和态度、教职员工民主权利的保障和学校的民主氛围等多方面的要求[②]；有学者将学校民主管理理解为学校教职工有权知道校情，

---

① 李醒民．科学是什么[J]．湖南社会科学，2007(1)：7．

② 杨平．关于中小学民主管理运行机制问题的研究[D]．沈阳：辽宁师范大学，2007：3．

能够充分发表意见，能够参与学校政务，能够共同商议、共同决策与学校相关的校务；有学者认为学校民主管理就是提倡和实施被领导者和被管理者反身参与管理，也就是教师、学生和家长都参与管理。从民主本身的内涵出发，学校民主管理的重点在于在学校管理过程当中把民主所包含的自由、平等、公正等理念体现出来，着重管理过程中被管理者参与学校管理，并且强调不论是学校领导、教职工、学生或家长都应该有参与管理的权利和自由，都应该拥有参与学校决策的机会，都应该拥有公平的利益分配和待遇，能够发挥主人翁地位的作用，能够行使监督权力，能够最大限度地体现参与者的心愿、意向和个性[①]。学校民主管理的目的是调动、激发学校全体成员参与管理的积极性和主动性，保障全体人员的合法权益得到实现和不受侵犯，并对权力行使进行监督和制约，避免权力的滥用，提高学校管理的效能[②]。

(二)学校科学管理

按照传统的科学管理理论分析，学校的科学管理就是运用科学的方法和手段，通过计划、组织、指挥、协调和控制等活动，对特定的对象施加有效影响，充分发挥人力、物力、财力、信息、时间等的效能，实现学校目标，培养高素质的全面发展的人才的过程。在这个过程当中，高度强调周密的调查、科学的测量、精确的统计、深入的分析等。学校是一个教育的集体，是一个层次繁多且较为复杂的结构，通过一些刚性的管理方法来加强学校的管理有助于协调各要素之间的

---

① 张兆响，司千字．管理学[M]．北京：清华大学出版社，2004：111.

② 杨平．关于中小学民主管理运行机制问题的研究[D]．沈阳：辽宁师范大学，2007：4.

联系，从而促使其形成最佳结构，产生最大合力，发挥最高效率。但刚性的规制性的管理在强调效率的同时，将会忽略人的积极作用，忽略人的主动性作用，人文关怀的减少使得整个组织的生气萧条，更是磨灭了教师作为主人翁的创造力和对组织的归属感。确切地说，科学管理是遵循时代发展的管理模式，是遵循社会发展而发展的。科学管理从科学的内涵出发，强调用科学的方法去管理学校，遵循社会发展规律，即遵循教育的客观规律，尊重人的发展规律，以科学发展观的视角和以人本的态度去看管理，以教师为本，以学生为中心，把尊重人、关心人和理解人放在首位，在管理中能够充分发掘个人的潜能，促进自我价值的实现，从而促进学校共同体的发展。

（三）学校民主管理的特征

学校民主管理是社会民主在学校管理中的体现，是民主这一观念在学校管理当中的具体应用，强调在管理过程中的独立和自由，强调人的平等和参与的权利，强调对权力的监督和制衡。

1. 强调"以人为本"

"以人为本"的本质就是尊重人、关心人、培养人和发展人，重视建立人与人之间的关系，把激发和调动人的积极性、主动性、自觉性和创造性作为管理的中心。在学校中坚持"以人为本"进行管理，实则要求学校管理活动中要坚持一切从人的实际出发，突出人的主体地位，以调动和激发人的积极性和创造性为手段，以达到提高管理效率和人的不断发展为目的，满足人的需求，发挥人的才能，实现人的价值，提升人的生命质量，从而实现以人为中心的学校管理[①]。民主管

---

① 王家军．学校管理伦理论纲[D]．南京：南京师范大学，2006：151.

理是学校贯彻"以人为本"思想的必然要求，民主的关键归根结底在于看待人是平等的，就如黑格尔所说使人"成为一个人，并尊重他人为人"。① 民主管理必须强调人的平等、自由和公正，强调对人的尊重和对人所拥有的权利的尊重，把人放在第一位，充分尊重学校中每个生命的价值。

徐校长在暑假期间安排学校全体中层干部来到素质教育实践基地研讨学校管理，这是近几年学校形成的惯例，召集大家对改进学校管理问题进行研讨。在研讨会上，每一位参与人员都发了言，讨论非常热烈，显性的问题、隐性的问题、潜在的问题都被提了出来，管理上的症结也被找到了，大家纷纷提出了解决对策。若遇到了疑难杂症，一时想不出好方法，徐校长便让大家休息一段时间，在基地里娱乐一番，放松身心，而后新想法新点子又产生了。参加研讨会的老师们纷纷表示对活动的认可，新上任的副班主任小李老师就深有感触地说："真没想到，自己的管理还有那么大的提升空间，自己提出的意见会受到校长和大家的重视，收获真不小。"②

正如案例所体现的，民主管理能否成功开展的一个重要方面在于能否重视学校每一分子的价值，是否能够集中每一分子的智慧，校长要能够真正做到从众，信任、激励教职工，有意识地创建民主管理的支持性环境，凝聚民心，集中民智。与此同时，正如案例中的小李老师一样，教师们通过参与学校管理，感受到了自己受到了重视，这是一种对教师为学校考虑为学校付出的积极的鼓励和推动。

---

① [德]黑格尔. 法哲学原理[M]. 北京：商务印书馆，1982：46.
② 王铁军，周在人. 给校长的建议：101(全新版)[M]. 南京：南京师范大学出版社，2005.5：212.

2. 提倡共同参与，共同决策

马克思曾经指出，在专制的政治之下，人和人是相互依附的，"我们看到的，不再是一个独立的人了，人都是互相依赖的：农奴和领主，陪臣和诸侯，俗人和牧师，物质生产的社会关系以及建立在这种生产的基础上的生活领域，都是以人身依附为特征的"①，而民主化就是恢复人是独立的个体，恢复人的自主性和自由性，从一个依附于他人的状态向独立自由状态转变。独立自由的教师和学生既然作为学校活动的参与者，就有权利不依附于管理者，不顺服独裁权威；就有自由能够提出自己的意愿，能够在学校事务上共同参与，共同决策，人人都是学校的主人翁，人人都为学校的发展进行谋划和做出贡献。前面所提的案例当中，校长做到了鼓励教职工讨论学校的管理问题，鼓励大家对提出改进管理问题的方案和策略，充分发挥教师的主观能动性，让每个独立的个体能够表达自己的观点，共同商议，共同决策，让更多的人成为管理者。

3. 监督和制衡管理权力

学校民主管理要求除了学校共同体的集体意志外，不能存在至高无上的权力。任何一个人，身上附有权力就必须有相对应的责任，权力就必须受到监督和制衡。完全的权力等于完全的腐败，而民主管理就在一定程度上杜绝了完全腐败的发生。民主监督本就属于民主管理的一部分，实施民主管理就意味着必须实施民主监督。从某个层面上讲，学校师生参与到学校工作管理当中就对管理层进行了监督，能够维护自身的合法权益，同时达到对学校管理者权力的制衡。而且，民

---

① 中央编译局. 马克思恩格斯全集（第 23 卷）[M]. 北京：人民出版社，1972：94.

主监督对学校管理也有着不可否认的硬性，有效地实施监督，便能使学校师生更加密切地关注学校工作和学校事业的发展，更主动地参与到学校管理工作中去，又推动了民主管理的深入发展，也才能使教职工真正做到以校为家，真正实现校兴我荣，校衰我耻①。

(四)学校科学管理的特征

学校科学管理主要是指根据学校教育规律，遵循人的发展规律，对学校进行管理。教育活动本身的参与者就是人，学校科学管理归根结底也是以"人"为目的，尊重人的发展。从这一层面看，民主管理可以说是科学管理的方式之一，是科学管理的体现，同时推动科学管理的发展。对于教育规律，长期以来，人们认为教育规律是一种"确定性规律"，具有纯粹客观性、必然性和普遍性等属性，把探求教育规律等同于寻找教育的确定性和有序性，相对忽视教育的不确定性和无序性，而事实上，教育是一种复杂的社会实践活动，是有序与无序、确定性与不确定性的有机统一，教育中没有严格的必然性，只存在弹性的必然性②。教育活动本身就是复杂的，教育规律的复杂性更是必然。因而，在学校科学管理中，面对复杂的教育规律必须紧紧抓住两个根本：以人的发展为根本，以社会发展为根本。

1. 以人的发展为根本

(1)以学生为中心

学校教育活动的主要目的是培养学生，是为学生的发展提供一个平台。而学校科学管理则强调以学生为中心，把发展学生作为管理的

① 王家军.学校管理伦理论纲[D].南京：南京师范大学.2006：180-181.
② 唐德海，李枭鹰.论教育规律和似规律现象[J].华东师范大学学报(教育科学版)，2007(6)：8.

根本目的。首先，学校科学管理适应学生的身心发展。学生的身心发展是一个从低级到高级、从量变到质变的过程，具有一定的顺序性和阶段性。科学管理能够顺应学生的身心发展，在管理上由简单到复杂，由具体到抽象，由低级到高级，在适当的年龄设定适当的任务，对不同发展水平的学生的管理方式和要求不同。其次，学校科学管理适应学生发展的差异性。每一个学生的发展都不同，所具有的天赋和擅长的技能也不同，对待管理的主观体验也不同，因此，常常会出现适合某一类学生的管理方式却引起了另一类学生的抵触情绪。而学校科学管理能够大概掌握学生的发展特点，做到有的放矢，管理方式因人而异。

（2）以教师为本

学校教育中，教师是与学生发生直接关系的人，对学生的发展有着至关重要的作用。学校科学管理，除了注重学生的发展之外，对学校教师的发展也很重视。教师也是人，同样有物质和精神的需求，渴望自身的发展以及价值的体现。科学管理要求学校管理必须做到尊重教师的个人意志，尊重教师的个性发展，尊重教师的劳动成果，尊重教师所提出的意见，尊重教师对学校管理的参与和监督。强调管理不成为教师的约束，反而能够帮助教师更加独立，促进教师自我发展；强调管理能够量才使用、用其所长、人尽其才，同时能够为教师搭建学习和提升的平台，在最大限度上满足教师的需求。

2. 以社会发展为根本

教育是社会中的活动，社会的发展对教育有着不可估量的影响。社会发展对教育的影响体现在两个方面：第一，生产力的发展决定着教育目的的确定。科学管理要求学校管理能够适应社会生产力的发展，在规章制度的设置、学校规模的发展、组织结构的确立以及教学内容和课程设置的方方面面，都能够考虑到与社会生产力相适应的规律。第二，学校科学管理适应社会政治经济制度。有什么样的社会政治经济制度，就会有什么样性质的教育和管理。

第二节　洞悉学校民主管理和科学管理的意义

一、民主管理和科学管理是学校管理现代化的呼应

学校管理现代化是一个在实践中内涵不断得到丰富和更新的动态概念，它的核心是"政校分离、产权清晰、利益共享、充分自治"，其中"充分自治"体现了以人为本的现代教育管理理念，以培育学校及其内部组织的自治精神为核心，建立有助于学校可持续发展的学习内部管理体系①。学校管理现代化要求管理者树立人本意识、服务意识、科学经营意识和文化管理意识，而民主管理和科学管理在一定程度上满足了现代学校管理制度的要求。

(一)民主管理和科学管理是对"人本思想"的拥护

随着信息社会的来临，信息与知识的创造和更新成为社会最重要的追求和资源，"人"是这一资源的中心。随着人类精神生活质量的提高，工作对人们的意义不再只是谋求生存，而更多在于实现自身的价值，满足自我的发展。社会对"人"的重视越来越突出，人本思想也成为现代组织管理的重要思想，指导着各个领域的管理工作。在管理中，人们越来越强调以自觉性的道德的约束来代替规范性的制度的约

---

① 任佳．现代中学管理制度的探索[D]．上海：华东师范大学，2003：18.

束，以服务人的发展为宗旨来使用科学技术而摆脱用科学技术控制人的发展，以弹性的工作时间和个性化的工作方式来转换刚性的工作时间和方式；越来越强调在管理当中用"精心经营"的态度去对待团体和人，去帮助人自由而且全面的发展。学校作为一个由人组成的教育团体，是典型的"人—人"的组织，人本思想对学校管理的重要性不言而喻。尊重人、发展人和提倡人人平等的民主管理和科学管理是学校管理中人本思想的充分体现，是对现代学校管理的呼应。

(二)民主管理和科学管理是实现学校内部管理体系改革的重要内容

随着现代学校管理思想的发展，我国对教育体制的改革以及对学校层面的改革逐渐深化。校长必须加强学校的民主管理和科学管理，以适应学校内外部环境的变化，以提高学校内部管理的效能。《义务教育学校校长专业标准》对校长的要求体现出民主管理和科学管理的重要性，尤其在强调学校自主办学的权力不断增大之时，教师需要加入学校办学中，为学校发展提供帮助。对学校民主管理和科学管理的理解能够大力推动对校长权力的有效监督和制约，也是教职工合法权利的行使和合法利益实现的重要条件。

二、民主管理和科学管理是优化学校内部管理的强烈诉求

学校管理的水平直接影响学校的办学质量。受我国传统管理理念和整体教育环境的影响，部分中小学校长缺少对教育理念和管理理念的认知，管理主义意识较浓，这些因素影响了办学质量、办学水平的提高。

(一)缺乏教育理念和管理理念

在中小学，一些管理者并非教育专业出身，受其知识背景的影

响，对教育的理解比较片面，对教育教学规律，对人的发展规律了解不够深入，从而在教育目的、教育内容的认知方面容易产生偏差。学校的管理应该顺应教育目的，教育目的出现偏差，就难以保证学校管理方式的适切性和正确性。加之，学校行政工作的压力繁重，学校经常准备迎接教育行政部门的各种监督和检查，学校管理者很少有时间去学习和思考教育和管理的知识。随着知识大爆炸时代的到来，管理理念也随之快速变化，这对身负烦杂校务的管理者们而言是很大的挑战。同时，由于缺乏对管理理念的深度研究，容易产生误读，这也影响着学校的管理行为。例如，许多管理者没有看到民主的主要内容是尊重教师、给予教师自由，误以为让教师参与学校的管理活动就是民主，不在意教师对参与管理的看法，只是一味地给教师分配与学校管理相关的实务，关注的是过程和形式，使民主的内容落空。仅是给予责任和义务，却不把相应的权力下放，最终的审核和决定权仍然集中在自己手中，造成教师的任务繁重，更无心参与学校管理。

(二)管理主义中心意识

由于受我国传统管理理念的影响，"官本位"思想、等级观念根深蒂固，一些中小学校长过度强调学校管理的权威性和等级性，强调用管理的手段提高质量、提高效益，把学校内部所产生的问题归因于管理的不当，对管理的过分依赖，把管理看作解决学校内部各种问题的唯一手段。这样的管理主义意识将"人本思想"置之一边，把"管理"放在了中心地位。对教师的价值引导，对教学活动的策划，对教育问题的研究和探讨，缺乏耐心细致的柔性关怀。在遇到学校内部管理问题之时，首先想到的是怎样规范、怎样管得严格、怎样用管理解决问题，而忽视了问题的根源，学校自然会失去自己的特征和应有的社会功能。

(三)把管理当成目的

管理主义深入学校管理当中，学校的管理就会出现把管理当成最终目的。教师按照学校领导的意志办事，学生按照教师的指挥学习。校长将量化、指标、考核等作为管理的中心，一切随着数据做判断，只重视繁杂的评估而忽视有效的服务和指导。学校的事务依靠各种指标来衡量，把人与财、物、事、时间、空间等资源一样看待，并进行严格的监督和控制，用僵化刚硬的规章制度来管理学校、管理教师，唯一的目的就是达成指标。这样的认识使得校长和教师的人际关系发生变化，教师对学校的归属感和主人翁意识逐渐减弱，教师与教师之间失去信任和真诚，导致教育的目标和价值发生偏离。学校成为一个封闭的系统，学校活动统一化和标准化，管理模式也变得十分刻板。

第三节　提高学校民主管理和科学管理的水平

提高学校民主管理和科学管理的水平，校长明确清晰地理解民主管理和科学管理，这是做好管理的首要条件。校长需要加强自身的民主管理和科学管理意识，努力学习教育和管理的专业知识，能够将学习的教育和管理理念应用到实践中，帮助教师和学生加强学校管理的主人翁意识，维持学校环境的稳定与和谐，促进学校管理的合理发展。

一、做努力学习专业知识的学习者

作为学校的领头人，校长需要具有一定的教育理论水平，懂得办学规律，懂得教学规律，有教育学、心理学等教育专业知识，对我国的课程标准及相关的教材教法也要有一定的熟悉度，了解中国教育史，了解我国中小学教育发展与改革的动态，同时也需要领会和掌握国家的教育方针、政策的基本精神与中小学教育法规的基本内容。校长需要懂得适应时代发展的民主管理和科学管理的管理思想和方法，联系学校自身的特色进行民主管理和科学管理，从组织能力、工作作风、工作方法和领导艺术各方面去思考，把学校的人力、物力、财力都能够用在刀刃上，使教职工都能够各司其职[①]。

 案例分享

高校长立志把学校办成一个学习的团体，让每一个教师都能自觉地意识到，只有阅读才能拯救自己。高校长不但要求自己每天学习、阅读，同时要求学校的教师能够做到用阅读来提高自己的理论水平，他会在学期结束时布置教师的假期读书任务，也会不间断地购买图书发给教师，他认为，校长和教师素质的改变、观念的转变，和时代相通的先进教育理念、创新教育的改革思想、民主平等的师生观念需要从阅读中来，阅读有自我提升的重要作用也是帮助教师提高的有效途径。

资料来源：王铁军，周在人．给校长的建议：101（全新版）[M]．南京：南京师范大学出版社，2005：155．

高校长认为校长对学校的领导就是教育思想的领导，而这种领导

---

① 萧宗六．学校管理学[M]．北京：人民教育出版社，2008．

的实现需要通过组织读书。社会在快速地发展和变化，校长需要阅读，需要掌握新的观念和技能，需要不断地更新自己的目标和计划，需要通过学习获得与社会发展相适应的理念，不做一成不变、停滞不前的管理者。

二、做校园人际关系的创设者

校长与教师、学生之间的关系是影响学校人文环境的重要因素。校长在学校内部如果秉持"我是管理者，我就要控制，我就高人一等"的官本位思想，凡事只看结果，一味地要求教师，在处理事务中做不到公平公正，忽视与教师情感的交流，是不会给教师留下好印象的。设想一所学校的教师和学生对校长敬而远之，不愿意与其交流，甚至有怨恨情绪，这所学校必定缺少活力。反之，如果教师和校长的关系密切，校长关心教师的身心健康，教师尊重、爱戴校长，学校管理必然事半功倍，同时也能够促进教师和学生关系的良性发展。民主管理和科学管理要求校长做到对学生关爱、对教师关心，创设良好、和谐的人际关系氛围。

三、做倡导共同决策的授权者

现代学校倡导多元化的管理形式，校长要认识到教师、学生和家长的参与不但可以帮助自己发展，而且可以充分利用校内外资源；校长必须愿意并敢于将学校决策权下放至教师、家长和学生的手中，成为共同决策的主体。校长应该做到在做决定之时，将权力下放，分配和共享领导力，考虑所有的利益相关者，与学校团队建立互相信任的关系，分享权力和责任，寻求最佳的方案。

案例分享

一位中学校长认为：我相信共同决策的制定来自于不同的观点的汇集——老师、家长、学生、职员。共同决策的制订是倾听人们关注的问题，并且一起策划以寻求解决之道。

一位小学校长曾言：我认为成功的秘诀之一是凡事不要亲力亲为，相反，我要努力工作，有效地促使别人成为有能力的、值得信任的、有资格的领导者，我不是仅仅指我的管理团队，还有老师、行政人员以及学校后勤人员。我认为人们喜欢这样，而且我认为最聪明的领导周围一定有一群杰出的人才，然后他逐渐退居幕后，让他人大展身手。

资料来源：［美］乔·布拉泽，约瑟夫·布拉泽，丹娜·菲利普斯．孙二梅，译．20位美国优秀校长如何创建好学校［M］．北京：中国青年出版社．2010：53.

四、做激励教师发展的推动者

学校必须重视对师生进行民主和科学意识的教育，使每个成员充分认识学校民主管理和科学管理的目的和意义，克服错误观念的影响，树立正确的思想观念和价值取向，并在管理活动中贯彻落实。学校可以通过开展民主和科学知识教育，举办相关讲座、开展讨论等，强化教师的平等意识、主体意识、责任意识和参与意识。校长要认识教师是"社会人"，具有生理、安全、交往等需求；多创造条件、搭建平台促进教师的自我发展，尽可能让教师拥有实现人生价值的机会。教师的工作是一种个性化色彩浓厚的创造性劳动，校长要为教师提供自由的工作环境，激发教师工作的积极性，并给予教师参与管理的机会，发掘教师的管理能力。

五、做促进学生成长的帮助者

民主管理和科学管理要求学校尊重学生的身心发展规律和个性特征。为促进学生的个性发展，学校管理必须符合学生的发展规律，切勿过多约束学生的自由发展。培养学生的学习习惯，让学生积极主动地学习和研究，自觉地将时间和精力投放于探索未知的领域；尊重学生的人格，关注个体差异，满足不同学生的学习需求；创设良好的学习情境，使每个学生都能得到充分的发展。此外，可以设置民主和科学教育课程，帮助学生理解民主管理和科学管理，并搭建平台、设置机构，为学生参与学校管理提供条件。

 大家谈

李校长的"无为而治"

李校长是市教育学会的理事长，兼任区政协委员。他经常参加校外社交活动，不可能每天都在校，但学校工作搞得井然有序。

在校时，他经常到办公室同教师交流，也不拘形式地与学生接触。交流中，难免会遇到许多具体的要求。例如，物理教研组组长提出，实验器材不足，要求解决；一位班主任反映，学生课外作业负担过重，应该采取措施；会计谈到学校基建中的矛盾，请求仲裁。对这些，李校长总是说："我知道了，这个问题副校长在管，你去问他，让他决定。""我同教务处谈谈，让他们处理。""我给总务主任说，让他解决。"

一次教职工大会上，李校长念了个条子："你是校长，为什么遇到问题不表态，是权不在手，还是处理不了?"在表示感谢关心之后，李校长讲道："我是有职有权的。学校里重大事情的决定，都是由我主持做出的，这就是权嘛！至于执行过程中的具体问题和细节的处理，领导成员有明确分工。因此，我不能随意表态。"会后，部分教职工仍不赞同李校长的解释。他们认为，领导成员多，应是校长说了算。若两位领导对问题意见不统一，就应该听校长的。由于有这样的议论，李校长不在校时，个别班子成员把能处理的事也搁了下来。

面对这些情况，除了在领导班子内部达成共识外，李校长通过各种方式向教职工表达了意见：校长负责制，不是按校长个人的意志办事。不按章办事，校长说的也不能算数。有的事无章可循，特别是有关改革的事，更不能由校长一人决定。学校中大大小小的事，都由校长决定，都要通过校长，这不叫有职有权，而是个人专权。集体决定的事，校长随意变更，或者对那些有人分管的事，校长出面表态处理，不但不能调动每个人的积极主动性，发挥才干，而且会养成一些同志的依赖性。有的老师问，"这样说，校长不是'无为而治'了吗?""校长应该做到有限授权，管其所应管。样样抓在自己手中，看似权力大，实质是放掉了大权。不把权授给分管的领导，自己成为光杆司令，那才会真正的失权。"

案例分析：

1. 学校分工明确，李校长和教师共同参与学校管理，共同决策，这是民主管理的典型特征。李校长做到了将权力下放，鼓励教师参与决策，进行分权领导，这样的管理方式更有利于学校决策的科学化，可以帮助教师提升对组织的认同感和忠诚度，也有助于教师提升自身的成熟度。

2. 尊重教师、关注学生，李校长愿意倾听教师的反馈，及时给出自己的想法，与学生的关系也维持得很好，是以人为本的表现。李校长在该案例当中对教师比较尊重，给予教师一定的自由，也能够关爱学生，在教师给予意见之时的态度温和沉着，并且能够就教师所提出的问题予以明确的回答。

3. 在该案例中，李校长能够保持与教师的沟通关系，让教师明白管理者的想法同时也知道教师的心声。但确实需要进一步地加强与教师的沟通和交流，并做好对教师民主意识的教育，让教师明白民主管理的实质，能够与校长共同面对管理中的各种问题。

4. 领导班子的成员能够明确自己的权责范围，有助于学校管理工作地稳步进行。中小学实行校长负责制，学校办学的自主权加大，需要校长加强对领导班子管理才能的培养，在进行民主管理和科学管理之时，需要让每个人明白自己的权力范围的同时也知道自己的责任范围。

资料来源：程凤春. 学校管理的 50 个典型案例[M]. 上海：华东师范大学出版社，2009：58～59.

i 在线学习资源

1. 网易公开课　http://open. 163. com/

2. 中国教育研究　http://weibo. com/hantopedu？topnav＝1&wvr＝5&topsug＝1

3. 北大教育论坛　http://162. 105. 142. 5/gse_forum/index. asp

补充读物

1. 韩保来．学校民主管理制度研究［M］．保定：河北大学出版
   社，2007.

2. 寇延丁，袁天鹏．可操作的民主：罗伯特议事规则下乡全纪录
   ［M］．杭州：浙江大学出版社，2012.

第二部分　优化内部管理的专业
知识与方法

第四章　把握国家相关政策要求

专业标准

把握国家相关政策对校长的职责定位和工作要求。

标准解读

校长作为国家相关政策的基层执行者，不仅需要从宏观层面上把握政府政策的发展目标和价值取向，更需要从中观及微观层面上把握政府政策的意欲趋势，掌握政策背后的真实意图，进而结合区域客观实际及学校自身的校情，找准学校发展的方向，制订不同时期的学校发展目标。这不仅需要校长具有较高水平的政治素质和政策解读能力，也要求校长具有明确岗位职责、合理分工的业务水平，体现了校长一身多责的角色特征。

学校诊断

A校长的苦恼

A中学为一所义务教育中学，由当地市教育局直接管理。新学期伊始，教育局下达了《关于中学教师教案质量检查及随堂听课的通知》，通知规定每月下旬为常规检查日，市教育局会有相关人员进入学校，进行教师教案的例行检查，并会随堂听课。A校长认为上级的检查需要认真对待，召开教师全体会议，传达了通知的内容，并确定了学校教案检查的工作组和相关负责人。但此种检查工作开展没到三次，教师开始出现了消极应付甚至反对的声音。A校长对此进行了反思，也表示了其工作中的无奈之处："上面要检查，我们就必须做好各方面的准备。每个月刚开始还好，老师可以安心准备自己的课程，学生也不需要挪出课堂时间专门来排练公开课。但是，只要临近检查的前两个星期，老师就不得不加班加点的补齐之前没有写完的教案，还要占用课堂的时间专门来排练公开课，以备应对教育局的领导进到自己的班级听课。老师对这样形式化的东西普遍较为反感，每次都怨声载道。作为学校的校长，不能不贯彻教育局的安排与任务，只能在学校的例会上规劝老师。劝过之后，还是不得不要求老师们继续按照上面的要求准备检查。"

A校长对教育政策文本的把握和理解存在什么误区？中小学校长面对教育行政管理部门数量众多的相关政策文本，该做何种解读？在政策执行的过程中，校长对相关政策又该如何取舍，并有所侧重呢？现在请您谈谈自己的见解。

第一节　把握国家相关政策的意义

学校发展离不开与之息息相关的外部政治环境与政策条件，并与国家和区域的教育政策有着密切的联系。校长对外部政治环境的感知及相关政策的理解运用，会在很大程度上影响并决定学校发展，影响国家相关教育政策的执行效果。

一、政策及教育政策的定义

政策（统称为公共政策），是特定的政治制度处理公共问题时动态的和价值高度涉入的过程，包括政府公开表达的意图和官方措施，以及政府一贯的外在行为和内隐行为模式①。教育政策隶属于公共政策系统，是政府或政党为实现一定历史时期的教育发展目标，依据教育方针和培养目标而制定的、协调教育内外关系的公共行动准则体系。

教育政策有广义与狭义之分：广义的国家教育政策实质是一个整体体系，是由国家针对影响教育改革与发展方面的问题而制定的教育政策所组成的体系，包括国家的教育方针、教育政策和相关法规。狭义的国家教育政策，是指国家针对影响教育改革与发展的基本问题而制定的教育政策②。我国教育领域各种各样的改革举措，大多都以教育政策形式出现。政策总是指向某一个或几个具体的问题，观念形态的政策如何转变成现实的形态，依靠的是在深入解读政策的基础上进行有效的执行与运用。一项教育政策文本的出台，并不意味着能够解

---

① ［美］弗朗西斯·C. 福勒著，许庆豫译. 教育政策学导论［M］. 北京：凤凰出版传媒集团，2007（2）：8
② 孙绵涛. 关于国家教育政策体系的探讨［J］. 教育研究，2001（3）：1-8.

决教育问题,而是需要实际执行才可以解决。国家相关政策,尤其是教育政策的落实可为学校教育质量的提升、学生的健康成长以及国家教育事业的腾飞提供基础性保证,这就要求校长能够保持高度的政治敏感度和较高的政策水平,在正确理解和准确把握的基础上,合理运用国家相关政策。

二、校长把握国家相关政策的意义

校长能否准确把握国家相关政策,尤其是教育政策,对于学校的发展、学生的成长及国家教育事业的促进都具有重要意义。

(一)校长对政策把握的准确度对学校发展起着决定性作用

校长的政治素质及政策水平,决定学校办学的水平和发展前景。在学校的舞台上,校长理应是"领跑者",校长前进的速度,就体现着教师们的前进速度;校长是学校的掌舵人,需要指挥学校这艘航船在改革发展的潮流之中乘风破浪。当前的中小学校长就需要了解国家社会环境、经济环境乃至人文环境的主要变化趋势,懂得这些变化最终将催生什么样的教育政策问题,国家会采取何种应对策略及措施,学校自身可以在哪些方面做好未雨绸缪。

校长应从学校的特定时代背景和特定的环境特征出发,高瞻远瞩地确立一个能对学校发展产生深远影响的愿景。计划经济时期,校长们大部分时间都在学校围墙之内,与外界联系并不十分密切,集权式教育行政体制也只需校长做一个忠实的政策执行者便可。当前,我国的社会转型与教育行政体制改革打破了这种寂静的关系,这种趋势要求校长主动而积极地关注教育现象,思考可能生成的教育政策问题,并不断去参与政策制定的过程,了解政策内涵,积极促使校长自身和外部世界发生联系，正确地把握自己学校的发展方向，同时也要求校长能够敏锐地从中找到可以利用的资源，从而促进学校的发展。

　　总之，校长必须有较高的政策水平，要准确把握各项政策的基本精神，善于依据国家的教育政策、方针来办学，保证学校沿着正确的方向发展。在"正确地做事"之前必须先坚持"做正确的事"，从而形成自己独特的办学理念和育人目标，促使其成为学校全体师生执着追求的共同愿景，推动学校向和谐可持续的方向发展。如果校长不能理解或错误领会国家教育政策与方针，学校教育的发展方向就很有可能与国家教育方针政策要求不同步或相冲突。同时，需要指出的是，校长必须执行上级部门的政策，但不等于要求校长生搬硬套上级的政策。反而需要校长在执行上级部门政策的过程中，在坚持政策基本原则的前提下，研究政策所允许的行为活动范畴，根据本校实际情况加以落实，在政策允许范围内做出适合学校特点的决策和工作安排，保证学校走正确的道路。

　　学校发展目标的合理性及发展方向的正确性，一方面，建立在校长正确理解国家相关政策的基础之上，另一方面，学校的发展目标、方向和愿景对办学水平、学校的发展前景起到引领与促进的作用。

（二）校长对政策把握的准确度可以保证学校健康发展，为学生的健康成长提供条件保障

　　儿童的健康成长，需要家庭、学校、社会三方协同保证，学校沟通了家庭与社会，它的质量水平对于儿童的发展起着不可替代的作用。学校办学质量的提升，需要学校综合利用社会、政府乃至社区提供的各种资源，进而结合自身的"校情"，找到适合学校发展的道路。社会安定和谐，国家对教育的好政策，当地政府和上级主管领导的支持和关心，是办好学校、校长有效管理极为重要的外部条件，更是学生健康成长的环境保证。外部环境与条件因素有好有坏，这是客观存在的差异，关键就在于校长自身是否具有适应环境变化的能力，能否克服各种各样的困难，能否利用有利因素、排除不利因素，创造有利于办好学校的内外部环境。

中小学校长全面管理一所义务教育学校，其使命是保证国家义务教育的供给，保障适龄儿童接受义务教育权利的实现，为国家、民族甚至人类培养未来人才。学校寻找发展道路的过程，也是校长实现其使命的过程，更是为儿童成长保驾护航的过程。因此，校长应富有主动性、积极性和战略性眼光，对学生的需要、学校的需要、家庭的需要和国家社会的需要具有敏锐性的远见卓识和开拓精神。校长的领导决策和管理行为，必须与新的历史条件和国家政策的要求相适应，遵循教育的内在规律及儿童成长的规律，运用政策条件为学生创造其成长所需的必要条件及环境保障。当前政策环境和时代背景要求校长能够创造性地全面贯彻国家的教育方针，坚持社会主义办学方向，按照规律办学，依法治校，切实保证学校教育质量的稳步提高，让学生全面健康地成长与发展。

(三)校长把握政策的准确度是落实其职责的表现，也是国家教育事业腾飞的保证

我国实行校长负责制，其中最为核心的部分是上级教育行政部门的领导与校长的全面负责相结合。这种结合是以教育政策为纽带的。教育行政部门通过教育政策的制定、执行和评估来管理学校，而校长的大部分工作，则通过执行教育政策来领导和管理学校。所以，贯彻落实国家相关政策是校长负责制对校长提出的具体要求，这需要校长努力提高自己的业务水平，切实履行"在位谋政"的职责。具体来说，主要体现在以下几个方面。

首先，依照国家法律、法规和教育政策，正确履行校长职责。组织制定、实施学校发展规划和学校具体规章制度，对学校的教育教学和行政工作进行决策和统一指挥。这是中小学校长依法享有的权利，也是校长应该履行的义务。

其次，全面贯彻执行党和国家的教育方针、政策、法规，自觉抵制各种违反教育方针、政策、法规的行为。坚持社会主义办学方向，努力培养德、智、体、美、劳全面发展的社会主义事业的建设者和接班人。按教育规律办学，不断提高教育质量。

最后，认真执行党的知识分子政策和干部政策，团结、依靠教职员工。组织教师学习政治与钻研业务。

基层教育行政人员和校长的行为在很大程度上受到国家制定的教育政策的影响，尤其是在基础教育领域更加明显。校长不但是教育政策执行的关键一环，更是一个将多元角色融于一身的执行主体，国家层面的教育政策必须转化为地方的教育政策，再转化成校长的行为，方能得以实施和实现。校长理解政策水平的高低、采用执行政策的方法是否得当，很大程度上将决定这项政策在实际中的效果。一方面，校长作为教育政策关注者，其角色非常重要。当前社会各界普遍对教育十分关注，对中国的教育都有自己的见解和期待。从 2009 年 1 月初到 2 月底短短两个月的过程中，《国家中长期教育改革和发展规划纲要（2010—2020 年）》第一轮公开征求意见，工作小组办公室共收到电子邮件、信件 14000 多封，网民通过教育部门户网站发帖多达 6000

余条，各界人士在社会网站、高校校园网上发帖210多万条①。另一方面，校长作为相关政策的制定者，其角色作用在学校发展中不可或缺。部分教育政策，校长需要积极参与制定，在其颁布之前充分介入，把握住政策的价值取向和执行走向，事先组织学校做好执行贯彻政策的应对方案。

我国教育改革和教育政策的不断变革要求校长要切实把握政策的价值取向，为学校的发展提供机遇与支持。承担一所义务教育学校的管理工作，更需要校长能够合理行使自己的权利，积极履行自己的义务，主动地成为政策解读和运用的先锋官，为学校带来发展的动力，也为学生全面健康的发展提供政策环境保障，更为国家教育事业的腾飞做出相应的贡献。

第二节　深度理解国家相关政策

当今的中国社会处于快速转型的变革时期，其特征主要表现在信息化、专业化，这既给校长提出了更为严格的要求，也给予了校长难得的发展机遇。转型时期的校长应当时刻关注外部社会环境的变化，并把握这些变化会对教育政策产生何种影响。如何深度理解国家相关政策？校长需要提高自身的政治素养与政策水平，在学校组织系统中建立有效的信息系统与智囊系统，完善学校的决策机制及执行反馈体系，保证政策落实的有效性。

一、提高校长的政治素养与政策水平

社会政治因素涉及一个国家的政治制度、政党制度、政治文化、

①　数据来源于中华人民共和国教育部门户网站，见 http://www.moe.gov.cn/.

法律制度、政府的政策倾向以及公众的政治倾向等，它对于学校领导活动有着极其重要的影响。任何领导活动并不是一种自然人的行为，它总是与一个国家的政治传统、政治体制和政治权力结构联系在一起的。国家政治、政府政治及相关法律法规决定和制约着领导活动，也是实现有效领导的前提。学校组织所采取的领导体制及其倡导的领导文化观念无不受其影响，组织内部的领导活动及其变革也必须在政治权力所允许的限度之内进行。所以，校长的领导活动在某种程度上是一种政治行为，需要依托国家政治、国家政策的支持以及法律法规的规范保障，这就要求校长提高自身的政治素养与政策水平。

(一)深入理解与把握国家的相关政策需要校长具备较高的政治素养

学校管理是为实现一定的政治路线、教育方针服务的。党和国家制定的教育方针、政策，学校的规程、法规建设标准等，是办好学校的政策依据，认真执行有关的政策法规，是校长的重要职责。中小学校长是党和国家教育方针及其他各项政策在学校的贯彻执行者，是全校师生的领航者。校长的政治思想素质，直接关系着学校教育的方向。校长能否有坚定正确的政治方向，关键看校长的教育思想是否与党及国家的教育方针相一致。教育及教育政策的核心问题与关键目标是为谁培养人、培养什么样的人和怎样培养人。我们的教育目标，培养人才的标准及规格应该符合新时代的需要，在坚定地把握住培养目标和人才规格以后，关键是要有具体措施保证其实现。

校长是学校的最高领导者，其主要任务是带领学校全员去实现办学目标，但学校目标确定得是否正确，把学校和教职工带向何方，这就取决于校长能否有正确的立场、观点和方法，能否有正确的政治理论指导、较强的政治能力和良好的政治品质。校长的工作纷繁复杂，社会上的各种信息常常反映到学校场域之中，都需要校长去鉴别；学校的教育、教学改革等工作需要校长去定性；内部体制改革中的一些问题也需要校长去拍板等。这些鉴别、定向、拍板工作，都是对校长政治理论水平的考验。

找到适合学校的发展道路及具体措施，对于每一个中小学校长来说都是一个实践摸索的过程。因此，作为中小学校长，必须经常自觉地调整自己的思想认识，把坚定正确的政治方向放在首位，具有较高的政治理论修养，能运用中国特色社会主义的立场、观点和方法指导学校工作，使自己的教育思想、办学理念及学校发展同国家政策要求、社会实情等尽可能保持一致。

(二)深入理解与把握国家的相关政策需要校长具备较高的政策水平

政策水平高低与否是校长成长过程中达到成熟水平的重要条件和特征。首先，唯有正确掌握教育方针政策，方可树立正确的教育理念和办学思想。正确的教育理念及办学思想的形成具有过程性，在明确把握培养目标和人才规格以后，关键是要有具体的措施保证它们得以实现。校长在此方面一旦成熟，其办校治学的基本思路就会形成，其教育思想也会随之基本形成。这个办学治校的基本思路就是校长贯彻落实教育方针的具体措施。因此，每一位校长都要把教育方针的总目标分解为具体要求，将教育政策的要求详细解读，并结合本校实际一条一条地制订出实现这些要求的具体措施。每个学期或者学年结束之际，都要认真总结，不断完善。其次，校长需全面理解和掌握有关的政策法规知识，以保证学校管理工作坚持正确的方向，更好地宣传贯彻落实相关的法规制度，更好地培养师生的法制意识。校长要有鲜明的法制观念，学会用法律法规处理各种关系，依法办学。这就要求校长要了解我国的教育基本法律和各级政府有关教育的法规、条例，如《义务教育法》《教师法》《未成年人保护法》等，明确学校的权利和义务，严格按法律办事。同时，校长要依法治校，学校内部的管理规章制度在制定中也遵循法律，避免矛盾产生。故此，法律法规的基本知识是校长需要掌握的。最后，校长应学会用法律保护学校集体利益和师生个人利益，用法律去协调各种社会关系，处理各种权益问题。

校长应是政治素养较高，有良好政策觉悟的教育家。校长要有较高的政治理论水平、政策水平、必备的法律知识和正确的办学指导思想，也就是说学校领导的行动应是政策的行动，坚持依法办学、依法治校；要有较为广博的科学文化知识，其中必须包括政策法规的系列知识及教育管理专业的知识，熟悉所管理学校的业务；有敏锐的观察能力、决策能力、指挥协调能力和领导教育教学的能力。进一步说，要求校长要成为一个学习型的校长：通过学习国家相关政策与文件来把握正确的方向；通过学习理论知识，培养自身的理论素养；加强实践探索，丰富改革创新的经验；加强与外界的交流与合作，拓展自己的视野。只有这样，校长才能逐渐走向专业化，对于教育政策关注的敏锐度才会越来越准确。

二、建立有效的信息系统与智囊系统

正确把握国家相关政策，要以充足的信息为基础，多方咨询讨论的集思广益，为校长做出正确决策提供信息保障及智力支持。因此，校长在学校决策体系中要建立及时有效的信息系统与智囊系统。

(一)建立有效的信息系统

信息是决策的基本要素，也是领导活动开展的前提。没有充足、可靠的信息，校长就不可能对国家的相关政策做出正确解读，并以此为据做出科学决策。当前，校长处于复杂多变的环境之中，校长不可能全部观察到其中的变化，其个人也无法全部收集掌握和加工处理。而信息是校长与决策事务、社会环境之间的纽带与桥梁，建立有效的信息系统是不可缺少的工作。所谓信息系统，是设立在决策系统周围，专门搜索、统计、储存、检索、传布、显示有关情报资料信息的组织机构①。学校的信息系统应充分利用现代科学技术，对来自各方面的信息进行综合处理与分析，经济有效而及时地为学校的决策系统提供适用、准确和足够的情报资料，为校长正确的决策奠定坚实的基础。国家、省、市、区、学校是政策的不同层级，中小学应该对不同层级或不同类型的政策进行全方位、多渠道的信息收集，主要体现在以下几个方面。

一是国家宏观政策的相关信息。学校应当全面了解国家宏观的教育政策与法律法规。比如，我国的科教兴国战略，强调教育的优先发展，强调从一个人口大国变成一个人力资源强国；《国家中长期教育改革和发展规划纲要(2010—2020年)》提出了2020年我国教育将要完成的任务，普及义务教育的全民教育行动，促进教育公平的政策取向等。这些宏观教育政策是未来若干年我国基础教育发展的重要指针，作为基层学校的校长，要全面理解国家的教育战略，坚持教育发展的正确方向。

二是地方微观政策的相关信息。国家政策的贯彻具有层级性、区域性和多样性，中小学要在掌握国家宏观政策的基础上，掌握自己学校所属区域的相关政策信息，并将之进行研究。这有两方面的原因：一方面，从国家到区（县），最后到学校的执行链条中，每一层级都存在着对政策的理解、吸收和转化的过程，不同的决策者价值观念和利益需求会渗透到解读和执行的过程当中，其中在区（县）到学校这一与校长息息相关的"基层"环节中，面对的情境就更加复杂和多样；另一方面，国家教育政策本身具有多元的目标和期望，中国如此广泛的地域差异决定了国家教育政策不可能非常具有针对性和具体条款，其目的就是让政策执行者能够因地制宜进行裁量，因此，同一个国家教育政策到了不同的地方，在理解和执行的过程中会呈现出不同差异。实际上，在我国教育政策的实践领域中，基层教育行政组织面对着上级教育行政部门交付执行的任务时，会对政策内容（包括目标、内容、资源、相关程序规定等）有所诠释，再加上对本地发展的需求、教师的支持、其他单位配合等的考虑，生成出对政策执行任务的"认同"，最后决定其执行行为和方式。政策在一定程度上就是校长决策的行动指南，告诉执行者们应该做什么。各个政策执行群体对待同样的教育政策处理方式不尽相同，收集相关信息并发掘这背后的价值观念和行为方式，寻找一种合理的解释，帮助校长提升自己的管理和领导学校水平，具有极其重要的意义。

三是不同类型的教育政策文本，应按类别区分相关信息。校长是区域教育行政组织机构中最为重要的教育基层组织成员，校长除了作为法人代表全面负责领导和管理学校之外，其工作职责有很大一部分隶属于行政职能之中，尤其是接受辖区上级教育行政部门的领导。教育行政部门的工作思路会以各种规范、通知、计划、文件的形式传达至校长，校长理解区域相应的教育政策意义不言而喻，但对于数量浩繁且形式多样的政策文本，在精力有限的情况下就要求校长建立信息收集系统，将这些政策文本在第一时间分类，并根据相关信息进行处理。从性质上来看，一般冠以"文件"名义下发的，大部分都为规范性文件，是对学校办学行为做出的一种明确性规定，是学校在处理各种事务当中必须遵守和执行的纲领，其政策性最强。如《某区义务教育阶段学科教学规范》《某区初中推行校长任期目标责任制的实施意见》等。而冠以"通知"名义下发的，一般都是需要学校执行的，需要转变成学校行为活动的告知，如《关于中小学后期管理人员岗位培训班的通知》《关于举办"2013年某区小学语文优质课评比活动"的通知》。上级教育行政部门发布的政策文件中，一般都为指示学校采取相应的行动，主要包括参加评比、领取和上交材料、开展相关活动、外出开会或者进修培训、迎接检查、意见反馈等。校长作为学校的第一责任人，一般都应该知晓所有的通知，条件允许的情况下做到"圈阅"所有政策与通知。与学校发展紧密相关的，校长应当全面详细研读，亲自安排这些执行的人员，并在过程中关注活动的开展情况。而另外的文件通知，校长则可以采用授权的方式，由学校的相关责任人自行处理。分清轻重缓急，分类区别处理相关政策文件，可以提高学校办事的效率，也保证学校整体对政策的敏感性，提高学校相关人员的执行能力。

收集信息需要注意以下几点：一是明确信息的来源。一般来说，政策信息来源有公开发布的文献资料、非公开的内部资料、与学校外部的人事交流、政府下发文件、会议通知等。二是要了解信息获取的渠道。政策信息获取的渠道包括两种：①组织有关人员经常不断收集国家、地方政府及教育系统的政策文本与统计数据；②借助学校外部相关组织和有经验的专家帮助收集。三是确保信息的准确性。对于学校的收集，应对其进行效用评价，也即对信息是否准确、真实，有效性及是否及时等方面做出评价。

（二）建立有效的智囊系统

智囊系统是为校长提供决策服务的研究咨询系统，校长可以充分发掘教师、中层干部、家长、政府管理者、学者专家等多方面的智力，集思广益。利用各个方面的集体智力与专业优势，利用信息系统提供的资料，对国家相关的政策进行系统全面的分析和研究，为校长的决策出谋划策。智囊团对于校长对国家相关政策把握的作用主要体现在对学校现有的外部环境、内部条件进行分析，并在此基础上对学校的发展做出规划与预测。

首先，外部环境的分析是对学校管理外部环境的要素进行分析，其具体内容有政治环境分析、经济环境分析、学校外部社会文化环境分析及学校未来环境分析。其中，政治环境分析是指对国家和地区的政治制度、体制、方针政策和法律法规进行的分析。经济环境分析是指对学校发展产生影响的经济条件、经济特征和经济联系的分析。当经济处于增长、人均收入和消费水平处在提高、经济政策处在活跃发展时期，学校的发展就会因外部经济作用而出现加快发展的局面；反之，学校的发展就会停滞或速度放缓。学校外部社会文化环境分析是指学校外部的传统文化、风俗习惯、心理特征、价值观念等情况的分析。学校未来环境分析是指在学校政治环境、经济环境及社会文化环境等分析的基础上，运用一定的方法与技术，来获得未来学校的政治经济、社会文化等方面的环境信息，勾画出学校未来环境发展变化的图景。

其次，在上述环境信息分析的基础上结合学校的实际情况进行分析与评估，根据校情做出相应的决策，进而采取合适的方式执行，并进行执行情况的过程性及终结性反馈。学校执行方案的确定，建立在翔实信息支撑的基础上，这种翔实的信息需要从智囊系统中获得。因为有一些政策，基层的校长并不了解，比如教师的住房补贴政策，它并不是单纯的教育政策，校长在解读和执行此项政策，就需要与房产局等部门进行相关的咨询。在教育政策方面，如教育课程计划、新课程改革等政策，也需要校长去咨询相关专家和政策制定者，对不了解的政策进行了解。

三、完善决策系统及执行反馈系统

在地方负责、分级管理的大背景下，地区教育局通过制定地方的教育政策，管控与调整本地教育的发展，校长必须通过制定学校的教育政策，才会切实实现本校的组织发展，才能为整个教育的进步提供最为持久的动力。由此可见，政策无论来自于国家、省级政府、市级政府，还是地方区域行政部门，都需要校长充分了解自己学校的历史和现有校情，根据相关的教育政策来组织制订出政策的实施方案，建立人员激励制度、整合资源用于新政策的实施，并对政策实施提供反馈。

学校决策系统的主要职责就是以大量可靠的情报信息为基础，充分运用自己长期积累的丰富经验和科学知识，对智囊系统提出的各种预选方案进行分析比较，从中选出最优方案。校长作为决策系统中的核心人物，要完善学校的决策系统就应当合理处理好集权与分权、个人决策与集体决策等方面的相互关系，使其相互渗透，相互补充，以确保学校决策层选出的方案为学校的发展能带来最大化的效用。

决策方案选定之后，便进入实施过程之中。学校的执行层的人员要保证执行的坚决性，不可在执行的过程中走样，否则再好的决策也不能产生相应的实践效果。政策执行方案无论设计得怎样科学，实际情况与方案期望不可能完全一致，随着时间的推移和执行的进展，会不断遇到新情况、新问题。这就需要校长适时了解相关决策的执行情况，确保决策执行的实际结果及其执行中出现的问题可以灵活、适时地处理，保证政策顺利执行，并取得良好的政策效果。

第三节 掌握国家相关政策应注意的问题

一项国家教育政策，如何在学校得到贯彻和执行，帮助学校真正获得政策的促进力量和作用，使得学校的发展更为优质高效，是校长必须要思考和研究的问题。政策向下执行是一个不断变化和调整的动态过程，政策执行者根据政策原则和自己所处的条件不断选择和决定自己的行动措施。在执行上级的政策过程中，不仅各级执行机构要结合本地区、本部门的特点制订切合实际的政策实施措施，而且各级执行机构也要据此制订自己的具体行动计划。从地区到学校的这个层级是最基层的，区域教育行政管理部门与校长之间的关系微妙而复杂。教育政策，特别是义务教育阶段的教育政策，又必须在基层执行和实施，通过区级教育行政部门管理人员、义务教育学校校长和教师多方共同的努力方能生效。校长在其中是非常关键的一环。基层的校长更应根据自己所处的特定条件，按照政策和计划进行具体的决策，以处理各种具体问题。

对于一个学校来说，要促进学生的全面发展，要提高学校的教育质量，要打造学校品牌，首先要明确学校的发展方向和任务，因此可以说，学校发展规划是学校实施有效管理的关键所在，也是实现自主办学构建现代学校制度的核心所在。在学校对政策信息进行收集并系统思考而后上升到学校战略规划的过程中，需要注意以下问题。

一、处理好政策导向与学校发展目标的关系

1985 年，中共中央在《关于教育体制改革的决定》中明确提出："基础教育管理权属于地方，除大政方针和宏观规划由中央决定外，具体政策、制度、计划的制定和实施，以及对学校的领导、管理和检查，责任和权力都交给地方。实行九年义务教育，实行基础教育由地方负责、分级管理的原则。"1993 年的《中国教育改革和发展纲要》再次重申了这一原则，特别是国务院在《关于〈中国教育改革和发展纲要〉的实施意见》做了更为具体的说明，区（县）一级的基层教育行政部门则组成了实施基础教育的一个基本单位。基层教育行政组织将在教育均衡、义务教育发展、师资队伍建设等方面受到越来越多的重视。由此可见，学校的发展受到来自地方政府政策环境的影响更大一些。

对于一所学校来说，它所需要的教育政策环境就是和它的发展息息相关的县区一级政府和教育行政机构颁发的教育政策，对于学校校长和教师来说，教育政策又切实表现为一系列的政府行为，政策对于学校来说，是一种被不断建构的范畴，校长和老师通过对政府一系列行为的理解建构出政府的政策。区一级行政管理部门是中小学校长最直接的领导者，因为学校人事、财政、体制等都由地方教育行政部门直接管理，校长们所执行的，也一切以地方区一级教育行政部门正式发布的文件为准。通过对区域教育政策的解读，进一步明确学校的行

动方针，为制订详细的实施方案奠定基础。国家对教育发展有着长期规划，区域教育管理部门对教育发展有着中期规划，这些整体的教育规划和区教育局的年度工作思路代表着当地教育发展的走向，在这样的发展潮流中，学校处于怎样的位置，如何顺应潮流，需要校长有解读的能力。因为政策意味着教育资源分配的走向，学校应在认真研究区域教育规划和政策导向的基础上，反观学校原有的工作基础，为学校建立发展的目标，树立共同努力的愿景，并提供充分的政策支持和现实条件。

这需要厘清在宏观背景下国家的发展形势，学校所在地区的教育发展情况，教育行政部门的政策倾向，学校自身的历史和传统，师资和生源的基本情况，学校目前发展面临的困惑，学校取得的最大成就等。以上都是对学校当前发展现状相关信息的全面掌握，是学校发展的逻辑起点和分析基础，需要对学校实际进行深入思考和系统分析，实现政策的"校本化"。这是校长、全校教职员工及学生共同参与的事情。这个目标找寻的过程，应该是形成共识的过程。学校发展的目标不应该只是校长或者校长和干部们商议后的产品，应该是充分沟通、广泛认可的目标，能成为大家共同的奋斗目标。与这些目标配套的，应该给出切实可行的"做事安排"及执行方案，即在确定合理目标后，为实现这些战略目标，在今后应该落实哪些主要任务，要分门别类地逐条列出。简单地说，找寻目标就是确立目标系统，包含着发展目标、分解后的阶段目标、目标的优先次序以及经过精密设计的"施工图纸"。对于这个目标的寻找，最重要的是立足现实，首先解决那些自己能够解决的问题，在自己力所能及的范围内最大程度解决学校存在的问题；对自己不能控制、无力解决的问题，放在下一阶段考虑。

当前，区域的教育行政部门角色及相关功能都有了明显的转变，它们更多以服务者的角度出现，发展性评价体系建立起来，帮助学校更好地了解学生和教师发展的状况，权威的教育研究部门把工作重心转向从学生发展的角度帮助改进教育教学行为。作为办学主体，作为直接面向学生的学校，应当发挥自己自主选择的能力，根据是否有利于本校目标达成来进行功能利用和自身发展转型。简而言之，学校应先想清楚自己要做什么，厘清职责，对于上级部门交办的任务进行研究，与学校达成目标高度相关的，就积极把握机会，合理利用资源，把有限的时间精力投入到重要目标的达成当中，对于那些并不直接相关的目标，在上级组织配套改革未完成的情况下，可以以相对简单完成任务的形式来进行。

二、机智处理学校与政府行政管理部门的关系

政府掌握的办学资源包括物力、人力、信息和审批权等，政府的政策可以决定学校的"生死"，由此便使学校对政府的政策形成依附性。政府的教育政策主要包括体制政策、管理政策、招生政策、收费政策等。从现实的教育管理实践来看，我国对基础教育实行的是"地方负责、分级管理"的政策，教育行政部门在对学校的管理中又把公办学校划出层次分明的等级：省属学校、市属学校、区属学校、县属学校、农村中心校属学校等，不同归属的学校归由相应级别的政府部门和教育行政部门领导。学校要接受上级教育部门管理，业务上要接受上级的监督、检查。政府教育行政部门运用政策、法规、信息等手段从宏观上调控学校。作为下级，学校只有得到政府教育部门的支持，赢得上级的信任，才能最大限度地实现自己的意愿。学校处理与

政府的关系应注意以下几点。

(一)要采取主动合作的态度

上级主管部门是政府的职能部门，代表政府的领导，学校在宏观上要自觉接受政府教育部门的指导和管理，恪守政府的有关政策和法令。学校即使有较大的自主权，校长有人事权、财经权、决策权，但对上级的指示、决定必须要认真领会、执行，尊重上级，配合上级人员对学校的检查、监督工作；学校的各项措施、行为应从所在地区政府教育部门全局着眼，摒弃小团体思想。上级部门安排的各项任务校长应理性对待，并积极主动地完成，并最大限度地利用上级部门在政策、法规及教育科研等方面的优势，争取上级部门的支持。

(二)要经常主动与上级政府部门沟通情况，建立良好的沟通反馈机制

要想得到政府的大力支持，校长就要主动与政府部门沟通情况、交流信息，特别要与教育主管部门的工作人员保持经常性的联系和接触，按照职责范围和办事程序向他们汇报本校的情况，包括人员变动、重大决策、各项成就、自身不能解决的问题等，及时向上级领导汇报学校的工作情况，可以让上级领导及时了解学校的成绩，也能够让其了解学校的困境和需求，争取到上级部门在资金、信息、师资、设施等方面的大力支持。同时，校长应通过自身的活动影响政府决策，在政策颁布之前提前介入，主动在政策颁布之前就采取相应的措施，部署合适的行动方案，或通过与一些社会贤达、专家学者等权威人士的接触、交往，由他们去影响政府，争取到政府对于学校的支持。

(三)加强与政府主管人士之间的联系

学校与政府教育部门的关系的好坏，往往取决于学校领导人与政府主管人士之间的关系，如果他们之间的关系良好，则学校与政府部门的关系也必定融洽，反之则不然。因此，学校领导应加强与主管领导的联系，要充分利用学校的重大活动，如开学典礼、毕业典礼、校庆、大型体育活动、教育教学观摩活动、教育科研成果展等机会，邀请政府、教育部门领导参加。通过活动接触，使他们了解学校情况，支持学校工作，同时也增加与校长个人之间的情谊与信任，尽量争取与上级领导建立互相信任的关系和良好的沟通反馈机制。需要注意的是，在处理与上级主管领导关系时，要了解上级主管领导的特点，采取上级领导可接受的方式，沟通双方的意见，柔和恰当地反馈自己的建议，争取获得认同和支持。校长要依靠、服从上级主管领导，但不可盲目依靠与服从，要做到不唯上，不唯权，坚持从"校情"出发。

 案例分享

老校长的"拜访"

龚校长担任事业单位附属学校的校长已有 25 年。他不定期地去区、市等教育局部门拜访领导，赶上领导休息还能争取到和领导一起喝茶下棋的机会。在这个过程中，他了解到了地区兴建学校的前期规划、特级教师评定的相关标准等信息，为学校的扩建和教师的培训争取到了充足的资金和宝贵的机会。龚校长说："没有我的这些拜访啊，许多机会我们学校都没办法得到啊。我不定期的拜访，与当时在位的许多领导都成了好朋友，他们给我学校发展的帮助，那可真不是我一己之力能够达成的啊！"

社会安定和谐，国家对教育的好政策，当地政府和上级主管领导的支持和关心，是办好学校极为重要的外部条件。外部环境与条件因素有好有坏，这是客观存在的差异，关键就在于校长自身的能力与素质，能否克服各种困难，利用有利因素，排除不利因素，创造有利于办好学校的环境。

 大家谈

一位知名小学校长谈如何处理上级文件

我们学校安排有专人负责每天接收教育局下发的各类通知，一接收就立即分发掉，而不需要经我的手来分配，我要做的只是看它们全部被分到哪里去就可以了，对一些不合理的工作要改派，对一些重要的工作，如省市一级的课题申报，在他们正式处理之前，还要把科研主任分管校长找过来事先商量一下。

我不会自己去落实每一项任务，大部分都是让经办人自由去办，就当是锻炼中层，在管理中成长；有些内容就当自己不知道；甚至有些内容还会提醒一下经办人，按要求简单完成上级交代的任务即可。为什么要这么做呢？因为一般校长交代的事情，中层和副校长都会认真执行，所以落实每次任务，校长要帮助他们减轻负担。

除了分派工作之外，许多教育局的通知涉及后续的工作，就需要特殊的关注，比如收到读书比赛通知，到底后面做得怎么样了，得去实际问问；比如小学生七色花艺术节，和我们的学生发展有密切的联系，但是不能唯分数，要在这个过程中不停地沟通，而艺术组的组长会特别重视分数和名次，但我认为不能影响正常的教学，参与就可以了；比如"做一个有道德的人""敬廉崇洁"这样的德育活动，不能死做，但又太行政化，与学校正常的教学没什么关系，我们又不能反对，只能借助巧力，想办法和参观校园进课堂结合起来，与学生教师们日常的学习工作生活结合，保证不影响学校正常工作，结果文件都没有传到教师那里，学校就拿到了全市的表扬。所以，我认为校长要学会协调，不能跟教育局说我不干，因为校长还是具有行政角色的，多种角色要学会统筹协调。

所有文件中，我亲自处理的是和学校发展联系的，如课题、优秀教师评比等，比如"名校集团化评比"，这个时候要去揣摩一下领导的意图，为什么要举办这个活动。当时我的判断是，我们市一直强调名校集团化，而我们区又相对滞后，这种形式势下推出的活动应该有大幅度的奖励，所以要投入精力参加，后来结果果然如此。

所以我觉得这里有一个正常理解能力在里面，如卫生老师开会，校长可以是直接转发卫生老师，但是在"甲流"等特殊时期，应该有敏感，要进行回访，如果是常规例会，肯定是爱国卫生月的事情，灭蚊子苍蝇，这个你让他们自己去处理就行了，无须过多插手。对教育局下发的上级文件和通知，有些要追问，有些要抵制，有些要知晓，一定要和学校发展相结合，和学校特点相结合，和学校实际情况相结合。校长处理文件的方式不一样，给学校的作用就会不一样，如果仅仅是批阅派办，那么校长就没有推动学校的发展，那是经办人推动的。

资料来源：全力．国家教育政策对基层教育管理的影响研究——以S区义务教育教师绩效工资政策执行为例[D]，上海：华东师范大学博士学位论文，2010(4)：90.

行动研究

某所中学上级文件处理的规程表

序号	操作者	内　　　容	时　间
1	办公室主任	每个工作日至少一次处理接收到的上级来文（包括纸质文件与地方教育信息网上发布的文件），填写《某中学收文登记表》。纸质文件加盖《某中学收文处理单》章，填写相关信息	1个工作日内
2	分管副校长（校长助理）	初步提出拟办意见	0.5个工作日内
3	办公室主任	将文件移交校长批办	0.5个工作日内
4	校长	提出批办意见	1个工作日内
5	办公室主任	将文件按批办意见移交至相关部门处理	0.5个工作日内
6	相关部门	在《某中学收文登记表》上签字，按照要求处理好接收到的有关文件。纸质文件签字办理完毕后及时送回校长办公室	3个工作日内（特殊情况须向校长办公室主任说明延期原因，一般不超过1个月）
7	办公室主任	收回文件后，及时填写收回时间，并按要求做好存档准备	0.5个工作日内
8	办公室主任	按要求做好存档工作	第二学期开学前

此表格根据 http://blog.sina.com.cn/s/blog_92a5342a0100vcww.html 相关资料整理。

　　对于教育局给学校下发的文件，校长可以了解自己学校处理的现状，发现不妥之处，并加以改正。在此过程中，能通过不断总结与反思，理顺学校文件处理的工作思路，并将之制度化，从而保证学校在发展的过程中与教育行政部门的政策指向一致，找到政策允许范围之内的发展之路。

在线学习资源

1. 中华人民共和国教育部门户网站　http://www. moe. gov. cn/

2. 中华人民共和国教育部政策法规司　http://www. moe. edu. cn/
publicfiles/business/htmlfiles/moe/A02/index. html

3. 教育政策法规检索系统　http://fagui. eol. cn/

4. 中国教育政策法规信息网　http://www. cnepl. edu. cn/

 补充读物

1. 威廉・N・邓恩(William N. Dunn)著. 谢明，伏燕，朱雪宁译. 公
共政策分析导论(第 4 版)[M]. 北京：中国人民大学出版
社，2011.

2. 褚宏启. 教育政策学[M]. 北京：北京师范大学出版社，2011.

3. 张新平. 教育行政组织的发展与创新——对基层教育行政的个案研
究[M]. 南京：南京师范大学出版社，2003.

4. 张芳全. 教育政策导论[M]. 台北：台湾五南图书出版公
司，2001.

5. 孙绵涛. 地方教育行政系列研究[M]. 武汉：武汉工业大学出版
社，1992.

6. 张金马. 公共政策分析——概念・过程・方法[M]. 北京：人民出
版社，2004.

第五章　掌握学校管理的基本理论与方法

专业标准

掌握学校管理的基本理论与方法，了解国内外学校管理的变化趋势。

标准解读

理论提供了观察实践的参照框架和指导实践者行为的依据。校长科学、系统地掌握管理理论，有利于他们在决策过程中运用更多的视角看待问题和做出选择。学校管理是一项复杂的工作，校长的个人经验在应对不同问题情境时，可能起不到指导作用。管理理论对于现代组织具有相对广泛的适用性，可以为校长分析和解决问题提供理论支撑，减少工作失误，提高管理效能。

 学校诊断

学习型组织的七项管理准则

1. 创造不断学习的机会。管理者有意识地从新的出发点看待他们学习的机会，可以把学习结果看作了解一种学习为什么不成功的机会，并能够发起进行各种改革实验的规划。他们能使师生员工变为良师益友，他们能找到运用技巧的更好办法，以帮助师生员工获得新的技能。

2. 促进质询与对话。这项规则的关键在于一种文化。在这种文化中，人们可以自由地提问，愿意把难题提到桌面上来讨论，并在各种层次上开诚布公地给出或接受反馈。

3. 鼓励协作和团队学习。学校中的人员经常组成各个小群体，履行这一准则的策略包括对交叉于不同层次和人群（学生、教职工、管理者和家长）的团队有效运作的支撑。

4. 建立捕捉和分享学习的制度。将特定领域中的变化记录下来，分享就意味着将哲学记录归入共同创造的知识，并进行交流。

5. 力争让人们朝向共同的愿景。为了获得大家对共同愿景的认可，学校可以要求任务区分并改变那些与愿景不一致的因素。

6. 把组织与其环境联系起来。

7. 从战略的角度领导学习。设计学习形式是领导学习型组织的关键。管理者从战略角度考虑如何通过学习将组织引向新的发展方向，获取与学习机会有关的信息，并去寻求支持学校人员发展的各类资源。

资料来源：〔美〕Fred C. Lunenburg, Allan C. Ornstein. 教育管理学[M]. 孙志军，等译. 北京：中国轻工业出版社，2003：15

第一节　学校中的管理理论与方法

校长是学校管理的灵魂人物。在学校管理实践中，校长通过管理理论厘清自身究竟应该做好哪些工作，应该具备哪些素养，如何进行自我评估和改进，是实现专业发展和保持事业卓越的关键性要素。

一、学校校务的行政管理

学校作为现代社会的核心组织，必须要建立起一套科学高效的运作机制，以便更好地发挥教育教学功能，为社会培养更多有思想、有技能的人才。行政管理理论是现代组织发展的产物，它反过来又服务于组织进一步的科学发展。马克斯·韦伯提出的官僚制是行政管理理论的典型代表，是正式组织管理不可或缺的组成部分。

（一）官僚制：组织行政管理理论的标志

德国社会学家马克斯·韦伯首先提出了"行政组织体系"的概念。他认为，要使行政组织发挥作用，应通过职务和职位来管理，管理者应有胜任工作的能力，并依据客观事实而不是凭主观意志来领导。理想的行政组织表现为：①劳动分工。将所有任务分解为高度专业化的工作，给每个工作者履行责任所必需的职权。②规则。按照一致的抽象规则系统地去完成每一项任务。这样做有助于确保完成任务的一致性。③职权等级。按等级安排所有职位，每个下级部门应该受上一级的控制。组织从上到下有明确的指挥链。④非个人化。对下属保持一种非个人化的态度。管理者和下属的这种社会距离有助于保证管理者在理性思考的基础上做决定，不带有个人喜好和偏见。⑤竞争。在资格选拔的基础上雇佣员工，根据工作表现确定是否提升，使公正的水平有所提高。[①] 理想的行政组织由于符合理性原则，所以，具有效率

---

① ［美］Fred C. Lunenburg，Allan C. Ornstein. 孙志军，等译. 教育管理学：理论与实践［M］. 北京：中国轻工业出版社，2003：26.

高、精确、稳定和可靠等优势。官僚制正是基于理想行政组织而提出的，它的一般性原则包括：①等级制，即权力集中在组织的高层。②任命制，这一原则占支配地位的组织，保证官僚制得到贯彻。③现代官僚体制具有契约的特点。④职务具有专业性。[①] 也就是说，官僚体制在本质上是以等级和任命为基础的集权制，有着特定的运作方式和人员任职特点。

(二)行政管理理论在学校一般事务中的应用

行政管理理论在正规组织中必不可少，具体运用到学校的一般性事务中，该理论的主要作用如下。

1. 维护规范性的组织秩序

我国中小学具有教育组织和事业单位的双重组织属性，是典型的正式组织，学校的教育活动在法律法规和教育规律的共同约束下进行。中小学校长根据我国《教育法》等相关法规对学校组织进行管理，明确的组织结构设计和权力配置层次，有利于维护组织的运行秩序，保障日常教育教学工作的开展。

2. 确立管理人员在组织中的权威

在"官僚制"中，权力链的形成，明晰了权力向下逐级分散和责任向上逐级负责的运行路径。在我国《教育法》中规定，中小学实行"校长负责制"，因此，以校长为首的学校行政管理人员拥有制度赋权。校长作为权力链的顶端，需要不断努力完善自身，在组织中树立起权威的形象。

---

① ［德］马克斯·韦伯.经济与社会(上卷)[M].北京：商务印书馆，1997：245-247.

3. 增加组织的强制性

与一般组织相比，中小学除具有社会组织的共性外，个性更为明显。例如，中小学教师队伍相对知识层次较高，学生是发展中的主体，具有主体的能动性和不稳定性等。这些因素会导致组织的执行力较其他类型组织低，所以，通过行政管理增强强制性，可以保证组织的运行。

4. 回应组织的功利性

作为现代社会中的重要社会组织，中小学在追求教育公平的同时，也要注重学生培养的"效率"问题。而且，教师作为一种职业，主要通过教育和教学劳动来换取经济报酬，维持生存，所以学校组织的功利性是不容回避的。行政管理的本质正在于对"效率"的追求，因此，它能够回应中小学组织发展的这一功利性诉求。

目前，行政管理是保障中小学一般性事务开展的主要方式和手段，它有效地形成了组织框架和规则，使全体师生在一个相对稳定的环境中开展教育教学工作，进而实现"立德树人"的教育目标。

二、学校教务的知识管理

(一)组织学习：知识管理的有效途径

知识管理是指将知识作为组织资源进行累积和循环利用的过程。组织学习①是实现知识管理的最佳方式，分为简单学习和复杂学习两种。简单学习是运用知识处理组织日常的惯例性、重复性问题，这种活动并不改变组织的基本性质。复杂学习则是运用知识处理非程序性

---

① 组织学习是指为了实现组织目标、提高核心竞争力而围绕知识采取的各种行动。

的问题，关注工作系统、工作制度和组织规范本身。组织学习遵循三个原则：①积累原则，这是实施知识管理的基础。收集、整理和初步加工有关信息和知识，扩大学校的知识范围，提高学校的组织水平，从而保证学校对当前有关知识的发展水平和趋势有一个基本的了解。②共享原则，这是指将组织内部的信息和知识尽可能公开，使每一个成员都能接触和使用。在组织学习过程中，知识共享无法自发完成，而是需要学校为教师提供不同形式的共享环境。③交流原则，教务管理工作的主要目的在于促进教师的知识在积累和共享的基础上实现交流，这无疑是知识管理的关键环节。

(二)知识管理理论在教学事务中的应用

中小学是知识型组织，知识管理的实施使教务工作更加专业化，这是因为，理解知识是怎样被创造和管理的是教育组织的关键。[①] 中小学校长可以从以下方面在教务工作中运用知识管理理论。

第一，建立学习激励制度。通过重视和奖励自主学习和分享、交流学习成果的教师来倡导不断学习；引导教师在学习过程中不断超越学校已有的知识水平，以实现组织层次的提升。例如，在有条件的学校中，鼓励教师学习和应用现代信息技术等他原本不具备的知识来完成工作。

第二，建立知识库。学校的知识库是指利用档案室、图书馆、教学资料库等资源来实现对教师教学和学生学习的促进作用。除静态知识库外，随着现代信息技术的发展，特别是现代教育技术的发展，校长还应尝试建立动态的知识库，如学校网站、微博、微信等平台。知

---

① Edward Sallis and Gary Jones. Knowledge Management in Education：Enhancing Learning Education[J]，Kogan Page，2002. 5.

识库可以将学校成员、社区成员、专家、家长等都纳入其中，盘活了学校的"闲置资源"。

第三，建立知识创新体系。知识管理直接的和根本的目的是实现知识创新，这不仅依赖个人的创新精神和创造力，更是一种团体活动。因此，校长不仅要激励每一位教师创新，更要组织集体性的创新活动，同时做到学校中的价值分配与知识创新力相一致，保证对学校知识创新做出巨大贡献的人员能够得到相应的报酬和精神激励。

在知识管理理论的运用过程中，校长要使学校保持与知识源的良好联系，及时掌握相关领域知识的最新动态，并将这些知识在实践中应用，实现知识的更新。在此基础上，结合本校的实际情况，带动学校教务工作高效地运转，促进学校的可持续发展。

三、教师队伍的人际关系管理

教师是学校组织中的重要主体之一，能否处理好教师队伍的人际关系是校长管理能力的重要衡量标准。人际关系理论是行为科学[①]的有机组成部分，研究个体与个体、个体与群体及群体与群体的关系，其目的在于创造一个良好的工作环境，使人的主观能动性得到充分的发挥。

(一)社会人假设：组织人际关系理论的核心

人是社会的人，人的行动在各种关系中展开。在如此复杂的关系

---

① 行为科学是指应用心理学、社会学、人类学及其他相关学科的成果，来研究管理过程中人的行为和人与人之间关系规律的一门科学。通过研究人类行为产生的原因及人的行为动机和发展变化规律，以实现有效调动人的积极性，推动组织成员努力实现组织目标的目的。

环境中，人不仅受到社会的心理需要驱动，也受经济刺激驱动；与工作环境的物理条件相比，认可、归属感和安全感对于决定组织士气和劳动生产率更为重要。因此，在组织中，沟通、权力、影响、权威、动机和控制都是非常重要的关系，特别是在上下级之间。在各个不同等级都应建立起有效的沟通渠道，注重民主的领导而不是权威型的领导。也就是说，人际关系协调是考察一个组织是否有效以及一个管理者是否成熟的重要标志。管理者应将他的下属视为社会群体中的社会人，而不应该看成是群氓①的个人。

（二）人际关系理论在教师队伍管理中的应用

现代组织中，个体与个体之间、群体与群体之间满足了彼此的需要，就会产生这样或那样的关系。不同的人际关系引起不同的情绪体验：如果组织中人际关系和谐，那么士气就高，工作上往往也能热情协作，从而创造更好的效益；如果组织中人际关系紧张，就会士气低落，缺乏生产的积极性，效益自然也差。在中小学校中，良好的人际关系，是指教师之间、师生之间、教师和学校管理者之间以及教师与家长之间互动良好。其中，协调教师之间的关系对于校长管理工作而言，是一项挑战。良好人际关系并不是一个自然而然形成的过程，它受社会发展、组织变革、成员角色等因素的影响和制约。这就要求，校长在实施管理过程中多与教师交流来减少信息在沟通过程中的流失和扭曲。甚至可以采取正式交流与非正式交流"双管齐下"的方式来拉

---

① "群氓"是李嘉图提出的人性假设：1. 社会由一群一群的无组织的个人所组成；2. 每个人以一种计算利弊的方式为了个人的生存和利益而行动；3. 每个人为了达到目的，尽可能合乎逻辑地思考和运动。从这一假设出发，必然会得出对这些群氓只能用绝对集权来统治和管理的管理学理论。

近校长和普通教师之间的心理距离。其次，要善于用发展的眼光赏识每位教师，协调由于个性带来的矛盾和冲突，提高教师队伍整体的自信心和意志力，从而更好地实现教育教学任务。此外，校长还要通过学校组织凝聚力的培养来加深教师之间的"感情"，进而当矛盾产生时，感情就可能成为"润滑剂"，尽可能减轻双方的伤害。因此，在学校管理中，不能只强调通过规章制度管好财物，更要强调组织中"情感"的重要作用，使组织内部的人际关系能够和谐融洽。

四、学生事务的组织行为管理

激励理论是组织行为理论体系的重要内容之一。学生是除教师外，学校的另一重要主体，是校长实施组织管理工作的逻辑起点和最终落脚点。

(一)强化与期望：学生事务管理的关键

强化是指通过肯定或否定的手段(报酬或惩罚)来引导一种行为是否重复发生。该理论的主要观点是：人的行为是对刺激的函数，如果刺激对他有利，则行为可能重复出现；如刺激对他不利，则其行为就可能减弱甚至消失。强化分为正强化和负强化两种。学校管理中，正强化是指通过物质或精神奖励，使符合办学目标的行为重复出现；负强化则是通过惩罚那些不符合学校目标的行为，以使其削弱，甚至消失。通常惩罚的手段表现为扣奖、罚款、批评等。

期望理论认为，人们在工作中的积极性或努力程度是效价[①]和期

---

　　① 所谓效价，是指一个人对某项工作及其结果(可实现的目标)能够给自己带来满足程度的评价，即对工作目标有用性(价值)的评价。

望值①的乘积，他们对从事各项活动能够得到的满足，与他自己是否胜任这项工作和对这项工作的评价有极大的关系。弗鲁姆提出，期望与现实之间一般有三种可能性：①期望小于现实。在正强化下，期望很容易转变为现实，在负强化下会出现消极情绪。②期望大于现实。对此进行正强化，会使人产生挫折感；对此进行负强化，则帮助人们做好最坏的打算和准备，当结果比预想的要好时，产生激励效果。③期望等于现实。这通常也有助于提高人的积极性，但如果没有继续给予激励，积极性则只能维持在期望值的水平上。根据这一理论，当管理者发现行为者对某项活动及其结果的效用评价很多，而且估计自己获得这种效用的可能性很大时，可以利用这种活动和结果来取得激励的良好效果②（见图 5-1）。

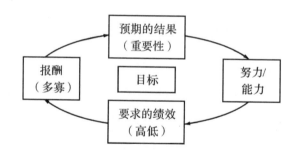

图 5-1　期望理论模型图

(二)激励理论在学生事务管理中的应用

在学生事务管理中，对于学生那些符合学校目标的行为应进行不定期、不定量的正强化，以促使它们重复和连续发生。比如，对那些

---

①　所谓期望值，是指人们对自己能够顺利完成这项工作的可能性估价，即对工作目标能够实现的概率的估计。

②　赵志军. 管理思想史[M]. 北京：高等教育出版社，2009：181-183.

遵守校纪校规、好学上进、进步明显的学生，要进行表彰奖励。这样一来，上述行为才能持久并重复发生。实践证明，在进行奖励的时候，要注意物质奖励和精神鼓励交替使用，同时尽量避免奖励固定程式化。在这里需要注意的是，连续、固定的正强化效果反而不好。久而久之，学生会感到学校的强化措施是理所当然，甚至会产生越来越高的期望。与此相反的是，负强化要维持其连续性，即对学生任何不符合学校目标的行为都应及时地予以处罚，消除其侥幸心理，减少甚至完全消除这种行为重复出现的可能性。

在学生事务中，强化理论为期望目标设定了原则。首先，目标设置要具体，难度适中。目标越具体，学生努力的方向就越明确；难度适中则可增强学生的自信心，以避免目标过高带来的自卑感和目标过低引发的没有挑战感。此外，目标要与学生的需求和动机相结合，且最好能让学生参与目标的设置，提高他们的责任意识，增强激励的效果。其次，处理好三个关系。一是努力和绩效的关系。如果学生认为学校评估标准不合理，或老师对自己有偏见、缺乏赏识等，会形成"努力也得不到好结果"的认知，无法实现激励。二是绩效和奖励的关系。奖励有时会受到资历、与同学的协作性、与老师的关系等非绩效因素影响，而学生如果在这些方面能力不足，会意识到自己获奖可能性降低，因而导致激励失效。三是奖励和个人需要的关系。奖励要适合个体的不同需要，要考虑效价，如一个家庭经济困难的学生努力学习是想获得奖学金，但却只获得优秀干部的称号，其激励作用会减弱。以上三种关系是密切相连的。在《赏识你的学生》一书中，孟繁华教授曾提出："赏识你的学生，相信每一个孩子都是天才；欣赏孩子的长处，肯定他们的每一个细微进步，让他们不断体验成功的喜悦，找到学习的快乐和自信，并真诚地帮助他们。那么，奇迹就会发生。"①

五、校园环境的系统管理

(一)复杂性：组织系统管理理论的着眼点

美国管理学家巴纳德认为，组织机构都拥有自身的目标或目的，而这一目标或目的很有可能相悖于个人，在这种情况下就需要用"效率"和"效力"原则来解决问题。如果一个正式组织能够达成目标，就说明其组织是有效力的，而在其中成员的个人目标是否实现则决定了组织的效率如何。这种管理理论具有模型化、开放性、宏观性的特点。将这一理论应用于教育中，可以使管理者更清晰地看到学校是一个复杂的整合体，只有全面协调学校内部的问题，才会使学校向前发展。同时，学校又处于社会系统之中并作为子系统，学校的角色和地位的变化将直接决定教育的效率和效力的问题。② 在理解组织时，最有效的方式是把组织当作一个系统，系统可以定义为了特定的目的而作为一个整体发挥作用的一系列相互关联的要素。彼得·圣吉主张必须将组织当作一个整体来研究，同时考虑到其他各部分之间的内在联系及其与外部环境的关系。

(二)系统管理在校园环境管理中的应用

学校依据科学理念管理，更多采取协调、组织、指挥、协调与控制的手段，形成了一个静态的、可以控制的封闭系统。在这个系统内

---

① 孟繁华.赏识你的学生[M].北京：教育科学出版社，2010.

② 赵山河.20世纪西方教育管理理论的评介及其新时期意义[J].吉林省教育学院学报，2011(6)：45-46.

部，管理者依靠职务的权责限定对管理对象实施标准化、规范化和程序化的管理。但是，这一模式忽视了环境的复杂性和可变性、任务的特殊性以及人与人之间的差异性。教育资源分为有形资源和无形资源，管理者不能只注重有形资源的开发和利用，而忽视无形资源的价

S 代表学校 具有的优势	W 代表学校 具有的劣势
O 代表学校 面对的机遇	T 代表学校 面对的威胁

图 5-2　SWOT 分析示意图

值。学校由无数的变量构成，组织管理也应处于运动之中，其成败与对环境的认识和对条件的利用有关。校长作为学校管理的主体，面对组织由他组织状态向自组织状态演变的实际情况，可以运用 SWOT 分析(见图 5-2)来提出治校的系统方案与措施。

学校要想成为一个开放系统，就必须不断与外界进行物质、能量和信息交换，通过反馈进行自我调控，以达到适应外界环境变化的目的。学校管理系统的开放性表现在：①人员流动。学校中的管理者和教师不是一成不变的，特别是实施优质校与普通校的"校长"和"教师"的双向流动后，学校管理必将发生变革。②设备更新。在学校管理过程中，清除陈旧的仪器设备，购进先进的仪器设备，可以为师生打造更好的学习环境，适应学校的发展需要。③资金利用。学校要获得快速发展，必须提高管理过程中资金的利用率。④获取信息。在管理过程中，不断向外界获取如市场、教育政策等方面的信息，以便及时调整决策，使管理行为与社会需求相适应。

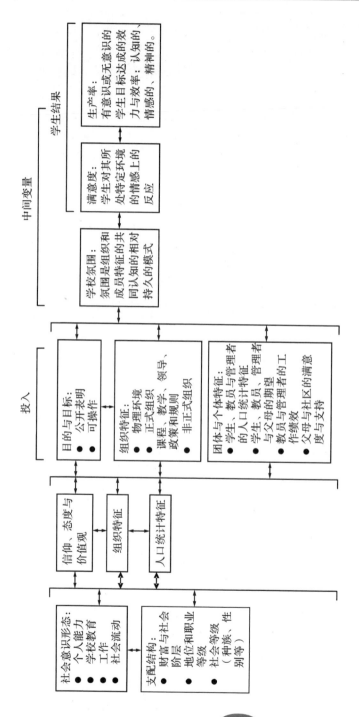

图 5-3 学校环境的交互作用模型①

① [美] Fred C. Lunenburg, Allan C. Ornstein. 孙志军、等译. 教育管理学：理论与实践 [M]. 北京：中国轻工业出版社，2003：69.

第二节　管理理论与方法运用的常见问题

日本教育家小原国芳指出："第一流的校长应当是给教师自由并能指导、领导教师的校长。如果连这种指导能力都没有，一切听任教师为之，这是第二流的校长。除此之外的校长都是有害的校长。"①他的观点提醒校长们要反思管理过程中的常见问题，对管理理论的误读以及应用不当常常会使其工作难以取得实效。

一、行政管理思维固化

尽管行政管理的基础是"理性行为"，但是，人的理性是有限的。如果校长一味套用行政管理思想来管理中小学校的各方面工作，必将面临诸多矛盾和冲突。这既是由行政管理理论的内在局限性导致的，也是由学校组织的特殊性造成的。

首先，行政管理理论的局限性表现为：第一，劳动的高度分工会降低许多工作的挑战性和新鲜感，最终导致员工表现下降，降低工作效率。第二，对组织规则的过分依赖会引起低效率和惰性，甚至导致过度的繁文缛节和刻板性。第三，组织中应有下行和上行两条沟通渠道，但行政管理只有下行一个方向。造成组织成员由于信息不对称而无法参与决策。第四，由于专业性工作的表现难以计量，所以，组织的行政管理更注重通过"资格"和"忠诚度"而不是以竞争和优点作为晋升的决定性因素。

其次，行政管理强调对结构的控制超过对人的认识，但中小学是

---

① ［日］小原国芳．小原国芳教育论著选（上卷）［M］．刘剑乔，等译．北京：人民教育出版社，1993：326.

学习型组织，教师基于专业而具有专业权利，学生则具有受到法律保护的"权利"。尽管校长处于组织层级结构的顶端，具有最终的发言权，但如果他只采取行政命令和规章制度来管理学校，而作为组织重要主体的教师和学生只能被动接受指令，就忽视了教师的权利和学生的权利，造成这两个主体的自主性缺乏，进而难以充分调动他们的积极性和发挥他们的主动性。因此，校长的职责由单纯地监督他人的工作已经转向为重新构建组织结构以及分配各类资源的方式。

 案例分享

学校该不该给成绩差的学生戴"绿令巾"

10月17日，中午放学后，西安未央区第一实验小学门外，一些孩子胸前的绿领巾在人群中显得格外扎眼。中午时分随着下课铃响起，小学生们在老师引领下排队回家。最先走出校门的是一年级学生，队伍自然地被他们佩戴的领巾颜色分成了两类：一部分孩子戴着鲜艳的红领巾，另一部分孩子则戴着绿领巾。

据了解，"绿领巾"事件已经不是第一次发生了。上海、北京、武汉一些地方也曾出现过"绿领巾"，美其名曰是作为少先队员预备期的教育形式，暂且不论这种做法是对是错，是好是坏。此次，西安未央区第一实验小学出现的绿领巾竟然成了差生的标识，据了解，一些学习成绩不好的学生被老师刻意发放了区别于正常颜色的红领巾，以示激励。但是，绿领巾并没有赢得家长和学生们的欢迎，甚至是反感。尽管校方之后向外界表示，绿领巾并非有意区分好学生会和差学生，只是作为激励学生进步的一种机制，"绿领巾的含义，就是告诉他加油努力，下次争取戴上红领巾。"

说到这里，我们说，变了色的仅仅是红领巾的颜色吗？这显然反映出了目前中小学教育体制管理上的一些弊病。面对祖国未来的花朵，我们还要手下留情，不能任由这种摧残青少年心智的事情屡屡发生。

从小我们就被教育，红领巾作为少先队员的标志，它代表队旗的一角，是用革命先烈的鲜血染成的，需要尊重它和爱护它。可如今，这变色的红领巾，如何让人们时刻保持对它的崇敬和爱护。更重要的是，作为一种激励机制，校方应该替学生考虑，这样才能起到真正的鼓励作用。可现实是学生和家长很是不买绿领巾的账。大部分家长认为，这是对孩子的一种侮辱和自信心的打击。

资料来源：红网，http：//hlj. rednet. cn/c/2011/10/19/2403313. htm

在上述案例中，给学生佩戴"绿领巾"的做法显然只考虑到了行政管理中"奖罚分明"的原则，而没有考虑到学校作为教育组织的特性。这种做法伤及了学校的组织专业基础，破坏了教育教学活动的目的性。而且，学校从教育性活动转向管控性活动，背离了"人本"的立场，势必引发教师、学生以及家长的抵制。

二、教学领导中知识管理运用不足

学校是实施规范教育的场所，对于中小学校长而言，教学领导是任务量最大、工作对象人数最多、涉及面最广的一项经常性工作。在前文的分析中已经提到，知识管理是中小学教务管理的有效手段。但目前，在我国中小学中，校长在教学领导中明显对知识管理的运用不足。当前，校长的教学领导主要是对教和学两方面的各种因素进行合理组合，使教学活动得到有序、高效的运转，完成国家颁布的教学计划和教学大纲规定的任务。但在此过程中，校长往往缺少主观能动性的发挥。在新课改的影响下，校长实施知识管理，要有新理念，要做传统课程的反思者和革新者。当然，这无形中提高了教学管理工作的难度，有时甚至造成校长在教学领导中出现理论与实践严重脱节的"两张皮"现象。

在教学领导过程中，校长对知识管理理念运用不足的具体表现为：一是校长没有更新教学理念。例如，有些教师希望将培训中产生的新想法运用到课程中时，可能出现被泼冷水的情况；有些教师在刚刚入校时，就被要求拜一位"经验丰富"的老教师为"师傅"，进行所说的"传帮带"，但实际上这种做法扼制了很多新教师的创新性尝试。当然，这仅仅是一些个别现象，但这些现象现实地存在着，其背后反映出来的是对教学领导过程中知识管理理论认识的不足。二是校长虽然具有先进理念，但没有形成长效机制。比如，校长听课或进行备课检查时，教师会对照相关要求教学，但检查一结束，依然我行我素。三是校长的科研意识淡漠。校长要实现有效的知识管理就必须走在教学改革的前列，成为教育研究的探索者。但现实中，升学的压力使他们没有更多的时间和精力来反思和研究课堂。不仅如此，如果校长在管理工作中长期缺乏教学领导，或是进行不正确的教学领导，对于学校的教育教学工作和组织发展而言，都是有害的，甚至会造成较为严重的后果。

三、人际冲突处理过程中角色定位不清

中小学校长虽然知道自己是组织人际关系冲突的协调者，但却并不明确自己在这一过程中应具体定位成什么角色。借鉴国外学校管理模式发现，很多国家的中小学校长在面对同样问题时，更多地将自己作为群体的一员来处理。例如，美国的中小学校长善于演绎"倾听者"的角色，当面对冲突时，他们往往通过以下程序步骤来解决：①要求双方陈述相互冲突的立场；②请求群体成员们陈述出他们相互对立的立场；③如果冲突依然存在，就与群体成员一起澄清他们；④要求群体成员们陈述出他们的观点的正当性；⑤请求群体成员举出另外一种能综合、折中或者超越冲突的观点，如果没有的话，就要重申成员们的观点，并进一步确认没有取得解决方案的原因。尽管校长将自己定位为"倾听者"会使冲突协调时间变长，但是这往往可以达到较好的协调效果，甚至收到校长与教师关系变得十分融洽这样的未预期效果。但反观我国中小学管理的实际，校长往往事务缠身，更要承担学生升学压力，因此，在面对冲突时，常常扮演"法官"或是"家长"的角色，为对立双方进行"裁判"或是干脆"各打五十大板"。这种简单的处理方式，并没有实现冲突的协调，而只是将冲突搁置，甚至是激化了冲突，使显性冲突变为隐性冲突，使暂时性冲突变成持续性冲突，更不利于和谐人际氛围的形成。

四、忽视学生主体性

学生作为教育主体，在教育活动中具有能动性，即要求参与教育的过程。联合国教科文组织国际教育委员会在《学会生存》一书中提

出，"应该从根本上重新评估师生关系这个传统教育大厦的基石，特别当师生关系变成了一种统治者和被统治者的关系的时候"①。事实上，学生是教学过程的真正中心，任何教学活动以及教师的努力，根本上都是为了培养学生学习的能力。但实践中，学生的主体性往往遭到忽视。

（一）轻视学生的地位

受传统教育观中"教师中心论"的影响，一部分校长习惯性地片面强调教师在教学过程中的主体地位，而轻视学生作为学习主体主观能动作用的发挥。他们认为，教师掌握专业知识技能的"优势"，社会赋予了教师"传道"的责任，家长交给了教师"管教"的"权利"，因而他们强调教师的绝对权威与学生的全面服从。

（二）剥夺学生教育选择的权利

这种情况表现为：一方面，教师以自身具有专业知识为依据代替学生行使教育选择的权利；另一方面，在集权式教育管理模式下，国家教育行政主管部门决定了课程、大纲、教学计划等具体教育内容，这种政策的强制性再次剥夺了学生的教育选择权。因此，教育选择权被"垄断"了，学生只能"按部就班"地被动接受。

（三）忽视学生在教育过程中的参与性

尽管在新课改后，我国中小学课堂的师生互动率有所提高，但并没有完全突破原有的讲授式。一般情况下，我国课堂中，气氛庄重，学生排座整齐，教师在讲台进行讲解，学生"听讲"并记录笔记。在此过程中，学生的参与性依赖于教师的赋予，不仅参与机会少，而且参

---

① 联合国教科文组织国际教育发展委员会. 学会生存[M]. 北京：北京出版社，1996：1-10.

与程度低。相比较而言，美国课堂通常是教师居中，学生围圈讨论①；法国课堂则布置成"T"形以便师生交流；英国课堂也以讨论为主要形式②。

此外，我国的教育评价也习惯于以教师为主体，他们普遍运用诸如分数、等级、评语这样的方式对学生进行终结性评价。在此过程中，既缺少学生的自我评价，也缺少对于学生主体的过程性评价，这会导致评价难以全面反映学生素质和能力的结果。

五、缺少系统性思考

学校是一个有机体，教育教学与组织管理的各个环节和各项工作都是紧密联系的。校长应明确这种相互之间的关联关系，以确定利益相关者的需求和期望，建立起组织的发展方针和目标。但是，由于校长面对的事务的烦琐性，他们往往将工作割裂为一个个小的领域或是一个个短期性的目标，无法建立起一个管理的体系，因而出现了无法提供实现质量目标所必需的资源，无法提供测量行为有效性和效率的方法，无法实施消除不利因素的措施等现实困境。特别是教育部颁发的《义务教育学校校长专业标准》，对新时期我国校长必须履行的专业职责提出了六方面的角色要求——学校发展的规划者、育人文化的营造者、课程教学的领导者、教师成长的引领者、内部管理的优化者以及外部环境的调适者。如果无法将这些职业角色进行协调和统一，极易造成职业角色的冲突。整体来讲，作为育人文化的营造者，校长要能够促进每位师生的全面发展；作为课程教学的领导者，校长要将课

---

① 符福渊.一年级学生围圈坐[N].环球时报,1999-09-24.
② 叶建平.中英课堂文化对比[J].教师博览,1999(9).

程教学工作置于重要位置，通过改革与创新来提升教育质量；作为教师成长的引领者，校长承担发现教师优势，开发其潜能，提升其抱负的重任；作为内部管理的优化者，校长应在整合学校资源和促进组织健康发展上发挥重要作用；作为外部环境的调适者，校长要具有为学校的发展获取社会舆论、家庭、社区以及政府支持的义务。总之，尽管采取将任务目标分解，逐一实现的方法管理学校有一定的合理性，但如果长期缺少必要的系统性思考，势必难以显示学校的学习型组织特征。

第三节　运用管理理论与方法化解学校冲突

一、形成道德领导风格

托马斯·萨乔万尼认为，当道德权威当上学校管理者后，学校完成工作任务的表现会超过预期。中小学校长既是学校的行政领导，也是教师之师，具有教育地位[①]，这决定了他们需要培养道德领导风格。所谓道德领导，是指校长通过提高自身道德水平，塑造道德权威，并在此基础上积极行动，引领学校的其他管理者、教师和学生共同创建一个公正、有价值的校园环境，使来自不同阶层、不同家庭背景的学生都能享有优质教育的领导风格。道德领导风格的生成有四个关键性因素，即共同体规范、专业理想、充溢的工作状态和作为专业美德的团队精神。它们体现了以"文化力"和"监督力"来代替传统管理中"控制"和"监督"的思路。萨乔万尼认为，从能力和德行两个维度出发，

---

① 吴恒山.学校领导者成功之道[M].北京：新华出版社，2005：3-7.

校长在管理中应以身作则，行事考虑社会价值，关心教学工作及承诺关怀伦理。道德领导风格关注人的内心情感和发展需求，这与学校的组织属性相吻合，也更符合社会转型期学校变革的要求。从本质上说，校长道德领导风格是与其胜任力（见图 5-4）有着密切关系的。道德领导作为一种增值方式，能够促进校长各方面胜任力的不断发展和提升。

图 5-4　校长胜任力模型图①

二、推动教学质量改进

（一）教学领导知识创新

1. 教学领导观念更新

校长要带头端正教学思想，积极推行教学观念创新。教学领导观念的变革可以分为关于行为的观念和关于类型的观念两个组成部分（见表 5-5），这两部分都存在一定的对应关系。如果校长是结构型领导，那么，其观念中考虑的重点是"教育目标的实现"；如果校长是专家型领导，那么，其观念中考虑的重点是"课程与教学"；如果校长是

---

　　① 李敏.《专业标准》指引下的中小学校长胜任力培训［J］. 全球教育展望，2013（9）：117.

人本型领导，那么，其观念中考虑的重点是"教师和学生"；如果校长是协调型领导，那么，其观念中考虑的重点是"学校的整体环境"。不同领导类型的校长会基于其观点的逻辑起点，选择不同的教学领导方式，也在不同侧面上实现自身教学观念的创新。

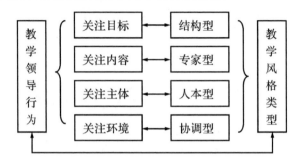

图 5-5　校长教学领导模型图

 案例分享

一位校长的网上评课博文

课堂精彩掠影：这个班正在实验小组教学，学生六人一组，共七组。老师在一边走动，一边检查学生的预习情况。这一环节完成后，老师布置了一项任务，学生立即开始准备，大约两分钟后，老师根据题目，点不同的小组，该组中就会站起一位学生回答……

反思：课堂容量大、效率高、节奏快而稳。教学以学生展示为主，教师则起"导演"的作用，符合新课改的思路。但课堂上仍有无效劳动和教师不放心学生自学效果的迹象。如在提问学生时，有的学生看着答案回答，听起来似乎效果很好，但隐藏着危机。教师更多把关注点放在答案的正确度上，忽视了学生的创意思考和积极探究。而且，老师在学生表示完全理解后又从头复述一遍标准答案，影响了教学的有效性。

建议：希望坚持以学生主动学习和展示为主，以小组互动和评价为载体，关注每位学生的学习体验。教师要注重学生思维的生成性……在学生需要过程体验的时候，要耐心等待。在提问时，要求学生收起标准答案。教师不仅要关注问题，更重要的是关注学生的学习状态，不仅关注回答问题的学生，更要同时关注全体学生。要鼓励学生对问题大胆提出不同意见，并要信任学生。

网友点评：

① 多谢指导，今后，我要多加注意全班学生的学习表现，相信自己，放飞学生。

② 我以后也要把关注点放在学生身上，向这位老师学习。

③ 说得很到位啊。原先我还真没注意这些呢，只顾埋头完成教学任务。

④ 有心用心的校长。请校长也来听听我的课吧，期待您精彩的点评。

显然，上述案例中的这位校长是一位在教学上非常注重"与时俱进"的校长。他在听评课时没有照搬传统模式，将课堂表现进行简单的打分和评价，而是在听课后，形成了叙事性的文本，并将自己的反思和建议写在文本之中以博文的方式与学校教师共享，进而激发其他教师参与教学的评价与反思。

2.教学评价维度重构

在更新原有教学观念的基础上，要以学校自身的教学特色以及学校教师队伍的优势为出发点，重新构建教学的评价维度。这一做法有利于对教师教学做出更为科学、客观和合理的评价，发现教学中存在的优势与不足。

第一维度，围绕"目标"的教学领导。该维度反映了校长在设置、执行以及沟通学校目标方面的表现，包含"制订学校目标"和"沟通学校目标"两个分目标。该维度得分较高，表明校长具有较强目标导向的特征、引领和规划意识。而一个明确的、清晰的、获得认同的并且聚焦于教学的目标，是创建一个以学习为中心的学校的起点。[①]

第二维度，围绕"课程与教学"的教学领导。该维度下设"课程编制与协调"和"教学督导与评价"两个分目标，主要考察校长对课程与教材、课堂与教学的管理。该维度重点考察校长对教学核心事务的领导状况，得分高说明校长兼具行政管理者与首席专家双重角色。

第三、四维度是从人的角度来考量校长的教学领导行为，包含"激励教师教学""促进教师专业发展""激励学生学习"和"监控学生成绩与发展"四个分目标。从激励的角度，考察校长对教师和学生的进步与成就的管理；从发展的角度，考察校长对教师和学生的持续发展所提供的帮助和支持。在这两个维度得分较高的校长具有人际导向、人本化的倾向。

第五维度，围绕"环境"的教学领导。这里的环境特指一种鼓励教学、支持学习的积极氛围，包含了"保障教学时间"与"保持高出现率"两个分目标，它们的共同之处在于，通过日常管理中容易忽视却能够

---

① Hallinger，P. The evolving role of American principal：From managerial to instructional to transformational leaders [J]. Journal of Educational Administration，1992，(3).

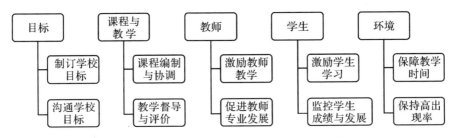

图5-6　"校长教学管理评定量表"分析框架①

间接营造良好氛围、优化学习环境的细节来考察校长。在这一维度得分较高的校长善于运用隐性手段营造组织氛围，重视时间资源及人际的协调、互动与沟通。

（二）校长帮助教师的知识成长

知识管理不仅突显了知识作为组织资源在学校发展中的作用，更彰显了教师作为知识的载体和知识创造主体的重要地位。校长作为学校中最高的知识管理者，在实施知识管理的过程中，必须帮助教师成长为知识工作者。首先，校长应着手建立一个能促进学习、积累和共享知识的环境氛围，使教师认识到不断学习知识带来的益处；二是校长要建立一套知识管理的信息基础结构，包括技术结构、人力结构、环境结构等方面；三是将学校建设成为学习型组织，人人在其中都能够实现终身学习和团队学习，以实现个人、团体以及组织的更好、更快发展。

三、营造融洽的工作氛围

（一）制度化管理

"没有规矩，不成方圆"。学校应以制度明确各个领导之间的职责

① 马健生，吴佳妮.中小学校长教学领导风格评估：海林杰校长教学管理评定量表的改进探索[J].教育科学研究，2013(12)：8.

与权利，分工明确，权责清晰，从而避免互相推脱、扯皮，既可提高工作效率，又可避免由于争权而造成的相互间矛盾的激化。[1] 中小学中关于整体发展规划、人事、福利待遇等重大工作均应注重运用民主集中的决策机制，将重要事项提交教职工代表大会表决，在表决结果形成组织制度后严格执行。特别是校长等学校的领导要注重学习，提高自身的制度执行意识，并带头遵守制度规定，提高学校管理整体的制度化水平，实现科学、民主的现代组织管理目标。

（二）运行机制透明化

校长应基于公平的理念对学校内部事务的处理做到透明化。这关键在于树立起平等对待教师的观念。学校领导与教师尽管在职务上是领导与被领导的关系，但对于学生而言都是教育者，所以，从这个角度而言，双方地位是平等的。而且，在教育教学的业务上、学术上、人格上、政治关系上，学校领导与教师也是平等的。因此，在对教育、教学和学术问题进行探讨时，应允许学校领导与普通教师以平等的身份发表意见，并在和谐氛围中进行讨论。此外，双方还要相互尊重、相互支持。学校组织是一个整体，学校领导要时时处处尊重教师的劳动和人格，支持他们的工作；相应地，教师也应尊重领导，支持和配合其管理，在双方和谐互动中实现教育教学的目标和学校组织发展的愿景。

（三）增进教师间的理解

增加教师之间的相互理解，首先要保证沟通渠道畅通，信息交流及时，讲究充分发挥正式沟通渠道的作用。例如，通过开展研讨会和

---

[1] 柴万发，任昌荣.论学校人际关系与管理[J].吉林教育科学，1994(11).

集体活动等，促进教师相互间感情的交流，这样能有效地增进教师之间的相互了解，减少误会，缓和冲突，同心协力教好学生发展学校。其次要引导教师正确评价自己，减少嫉妒心理，增强集体意识。每个人都有各种各样的欲望，都有权利使自己的欲望得到满足。个人欲望是无穷无尽的，如果任其毫无节制地发展下去，人际间将矛盾重重。所以，培养教师的自我评价意识，充分发挥集体规范的调节作用，是改善学校人际关系的有效途径。[①] 要想营造融洽的工作氛围，学校领导者除端正自己的态度外，还必须研究最优交往所依赖的各种心理品质，诸如善于观察教职工内心世界的细微变化，善于调查教职工行为产生的动机，善于替教职工着想，切实帮助他们解决实际困难，善于防止把自己的思想主观武断地强加于人等。

四、凝练具有向心力的学校精神

学校精神是组织中的主体在长期的教育教学实践中积淀起来的共同情感、氛围、行为以及价值观，它既是历史的传承，又是时代精神的具体体现。学校精神指向群体的情感，进而进入群体的偏好结构[②]，体现出群体的意志和群体的价值观。学校精神的凝练是直面学校的实际，尊重历史和现实、注重创新、引领未来的过程；学校精神的凝练是对卓越的选择，是学校办学经验提炼的过程；学校精神的凝练就是既要挖掘学校发展中的历史资源，又要对学校当前的发展现状以及价值取向进行分析与反思。"对每一所学校而言，如果不清楚学校发展

---

① 刘莲英.建立和谐的人际关系 促进教师的素质提高[J].辽宁教育，2004(9).

② 这种群体的偏好属于自我判断，还属于马斯洛的"需求理论"与赫茨伯格的"双因素理论"中较低层次的动机需求。

历史及其现实，便无法提炼学校精神和建构学校文化。"①学校精神的凝练是一个从自发到自觉的过程，不仅要继承传统，更要实现对传统和功利的超越。特别是要对学校正在发生的具有普遍意义的事件总结归纳，注意保存学校中的"流行故事"，发挥其育人功能和对社会正向辐射的影响作用。

五、构建现代学校制度

我国在《国家中长期教育改革和发展规划纲要（2010—2020 年）》中提出"建设现代学校制度"的要求，并针对中小学进一步提出："完善普通中小学和中等职业学校校长负责制。完善校长任职条件和任用办法。"现代学校管理理论是建立在以下几个假设基础上的：第一，学校管理是一门运用自然科学方法的准科学；第二，运用系统为基础的功能主义观点解释学校中行动者之间的相互关系；第三，管理研究的目的是揭示系统的潜在规则，以便能够做出可预测性路线。② 这一观点说明，现代学校管理呼唤现代学校制度的建立，以实现管理理论在教育实践中理性的整合。现代学校制度是指学校以完善的学校法人制度为基础，以现代教育观念为指导，学校依法自主、民主管理，能够促进学生、教职工、学校、学校所在社区的协调和可持续发展的一套完整的制度体系③。现代学校制度明晰了"校长负责"的权限，便于管

---

① 周勇．学校精神、历史叙事与建构学校文化阵[M].//赵中建．学校文化[M].上海：华东师范大学出版社，2004：73.

② Spencer J. Maxcy (1994)，*Postmodern School Leadership：Meeting the Crisis in Educational Administration*[M]，London：Greenwood Publishing group，p. 135.

③ 朱家存，周毛毛．现代学校制度对完善校长负责制的意义[J].教育发展研究，2007(3B)：75.

理职权的有效行使。在人事上，校长可根据学校人员结构优化的实际需要，自主决定人员的选聘，不断充实教职工队伍；在财务上，对学校进行预决算和经费控制，节省开支；在教学上，可根据学校发展需要结合本校实际在国家政策范围内组织教职员工自主进行教学管理和课程开发。校长负责制的宗旨是简政放权，给校长充分行使管理权力的空间，健全学校管理中的校长领导责任制，使学校发展与社会环境相适应。

❓ 大家谈

河南省焦作市许衡中学建校以来，全面实施素质教育，坚持科研兴教，提高课堂教学效率，实现了"轻负担、高质量"的目标，促进了学生全面发展。许衡中学的办学理念是：对每一个学生负责，为未来社会优秀公民奠基。没有成绩，过不了今天；只有成绩，过不了明天。张壁宏校长在大小会议上经常讲：在当前激烈的升学竞争面前，哪一所学校也不能回避升学考试的现实，没有成绩就无法过关，就无法向学生家长交代。但是，在办学过程中又不能片面追求升学率，加重学生课业负担，损害学生身心健康。学校不仅要为学生当前升学问题考虑，更要为学生终身发展负责……为了落实办学理念，学校经常开展各种素质教育活动，如励志教育、读书活动、书法练习、体育锻炼等。为了让学生在中学时代树立崇高理想，有远大的人生目标，许衡中学要求每个学生都能背诵《目标的威力》这篇文章，使学生认识到：凡是在年轻时代就有远大目标的人，今后走向社会才会成就辉煌的事业，才能拥有幸福的生活；没有人生目标或目标模糊的人结果相反。

资料来源：中国教育报记者采访资料，2008 年 4 月。转引自闫洁．组织文化视野下的中小学和谐校园建设研究[D]．北京：首都师范大学，2008.22-23.

教育理念的端正是许衡中学朝气勃勃、积极向上的一个重要原因，这也说明了教育理念建设是一项根本性的建设。理念是行动的引导，因此，教育管理的行为往往是其背后教育理念的反映，也是一位校长管理能力和素质的集中体现。

 在线学习资源

1. 中国校长网　http://www.xiaozhang.com.cn
2.《校长》杂志全球官网　http://www.xiaozhangchina.com/

 补充读物

1. [美]威廉·G·坎宁安，保拉·A·科尔代罗．教育管理：基于问题的方法[M]．南京：江苏教育出版社，2002.

2. 孟繁华．教育管理决策新论——教育组织决策机制的系统分析[M]．北京：教育科学出版社，2002.

3. 冯大鸣．美英澳教育管理前沿图景[M]．北京：教育科学出版社，2004.

4. 陈亚莉．校本管理与学校权责[M]．天津：天津教育出版社，2006.

5. 吴遵民．基础教育决策论[M]．上海：华东师范大学出版社，2006.

第六章　熟悉学校管理实务

专业标准

熟悉学校人事财务、资产后勤、校园网络、安全保卫与卫生健康等管理实务。

标准解读

学校管理实务包罗万象，如财务管理、人事管理、教学管理、德育管理，等等。其中最主要的是对人、财、物的管理。信息化时代还要注重校园网络的管理。同时，校长还要做好后勤服务，例如，校园的安全保卫，师生员工的卫生健康等方面的工作。校长如何摆正自己的位置，用"好"人，做"好"事，这是每位校长都要时时刻刻面对的问题。

学校诊断

逃生演练

A市的一所小学，平时学校对安全教育抓得很紧，学生经常进行逃生演练。一天，学校教学楼旁边的煤气管道出现泄漏，如遇到明火就很危险，可能爆炸或燃起大火。得知消息，李校长很镇静，立即广播通知："我们现在马上进行一次安全逃生演练，请全体教师和各班学生按照演习的步骤、路线，迅速撤离教学楼，到达指定安全地点。"老师和学生都认为这是正常的逃生演练，就按照平时的训练和安排，迅速并安静地撤离了教学楼。

请您谈谈李校长的做法怎么样，如果您是这所学校的校长会怎么做？

第一节　学校管理实务的内容

学校管理是一个系统工程，其管理实务涉及学校建设与发展的方方面面，包括财务管理、人事管理、教学管理、课程管理、德育管理等，本节主要针对学校的教学管理、财务管理和人事管理做具体分析。

一、教学管理

教学管理是校长管理工作的核心，是教学工作正常运行的关键。教学管理专指学校内部的教学管理，是学校领导和教学行政人员对学校教学事务的管理。学校的教学管理，主要包括三方面的内容：以课堂教学为中心，保证常规教学顺利进行；关注基础教学组织，建设优质教研文化；加强教学质量监控，把好教学质量关。

(一)以课堂教学为中心，保证常规教学顺利进行

课堂教学作为学校教学最基本的表现形式，其运行情况直接关系到学校的教学声誉度和学生的学习质量。作为校长，首先应成为懂管理的教学专家，了解各种教学方法，鼓励教师结合实际情况尝试运用启发式教学法、情境教学法和研究性学习等方法。在对学校教学管理工作进行指导时，能够"接地气"，从教师和学生以及教学实际出发多角度考虑问题。同时，校长应具备上示范课的能力和水平，做到"让师生服气"。其次，明确学校教学需要达到的目标，将教学管理理念融入实践之中，担负起引领全校教师一起实现目标的重任，成为学校教学改革的探路者和领路人。再次，强化课程领导，做好课程分析、课程安排和课程评价。校长通过深入课堂听课，了解一线教学情况，能够根据对象不同，提出共性化和个性化的要求。具体来说，校长进入课堂之前要熟悉讲授内容，这样在听课和评课时才会更有指向性。特别需要指出的是，校长在与教师交流中，应尊重教师的人格和教师的教学专业自主权，以平等、尊重的心态与教师相处。

(二)关注基础教学组织，建设优质教研文化

在中小学，年级组和教研组是最基层的教学组织，担负着重要的教学工作职能。日常工作中，校长应重点关注年级组和教研组的运行，选拔教研经验丰富、凝聚力强、勇于创新的教师担任责任人。通过名师工程和名师工作室培养骨干教师，注重学校的教研文化建设，逐渐带动教师研究态度和研究能力的转变。通过教研解决教育教学中的问题，推动并促进教学质量的提升，树立"问题即课题，行动即研究，落实即成果"的教研理念。中小学的教研应以校本研究为核心，其特点呈现为"小、近、精、实"。"小"就是切口小，从小事、小现象、小问题入手，以小见大；"近"就是贴近教育，贴近现实，贴近学科学习背景；"精"就是精益求精，思考到位，写作到位；"实"就是实在，课题实实在在，研究实实在在，结论实实在在。同时要注重开展定向研究，包括学科定向问题和选择课题定向问题。例如，语文教师可以把语文教材教法作为自己的定向研究，班主任教师可以把班级管理问题作为定向，从事学校管理的人员可以把管理问题作为定向。

在资源保障方面，为开展各种教研活动创造有利条件，如提供足够的资金支持、时间保障。建立教研资源库，将教师的教学事迹、教研论文、教学随笔等编写成册；将课堂实录、优秀教学案例及示范课等建设为网络资源，以供研究和学习之用；积极开发校外教学研究资源，邀请教育教学专家为教师作专题报告或讲座，并与同类学校进行合作教研，扩大教研活动的辐射范围。

(三)加强教学质量监控，把好教学质量关

教学质量是学校的生存之本，教学质量管理是教学管理工作的核心和关键。《义务教育法》规定："学校和教师按照确定的教育教学内容和课程设置开展教育教学活动，保证达到国家规定的基本质量要求。教学管理中要加强对教学质量的监控，对教学质量进行检测和分析。"为此，校长应树立正确的教学质量观。教学质量是由教师教学质量(教的质量)、学生学习质量(学的质量)及课程质量等组成。教学质量监控不仅仅以学生学习成绩为检测点，还需关注教师教学过程中教学质量的变化，建立由主管校长、教务处、教研组(年级组)、教师构成的四级监控系统，定期组织不同层次、不同范围内的教学质量检测。"要突破一张试卷定'乾坤'的单一监控格局，将数据分析、标准差检验等教育统计方法用于试卷评价、课堂评价、教师评价、学生学业水平评价之中，构建科学合理的中小学教学质量监控与保障机制。"①在工作中，坚持校本培训、教学研究和教学管理改革有机结合，逐步改变教师的思维方式和行为方式，将外在监控引向教师的自觉监控，实现教师专业成长的目标。

二、财务管理与资产管理

有效的财务管理和资产管理是学校健康发展的有力保障。随着市场经济和教育事业的发展，传统的财务模式以及会计制度已经不适应于学校财务管理的要求。如何管理好学校的"财"和"物"，防范财务风险，避免学校资产的流失，保证学校的发展沿着正常的轨道运行，这是每位校长肩负的重大职责。2014年1月1日正式实施的《中小学校财务制度》强调，中小学校以校为单位进行会计核算，实行"一所学校一本账"，将长期游离于学校"大账"之外的基建账并入学校"大账"，明确了中小学校食堂应独立核算并定期并入学校"大账"。②

中小学财务管理的主要任务为：合理编制学校预算，严格预算执行，完整、准确编制学校决算，真实反映学校财务状况；依法筹集教育经费，努力节约支出；建立健全财务制度，加强经济核算，实施绩效评价，提高资金使用效益；加强资产管理，合理配置和有效利用资产，防止资产流失；加强对学校经济活动的财务控制和监督，防范财

---

① 陈立春. 中小学教学质量监控与保障机制的研究[J]. 上海教育科研，2009(9)：72.

② 37万所中小学校的会计工作有了新规矩——教育部财务司有关负责人就《中小学校会计制度》答记者问[EB/OL]. http://www.moe.gov.cn/publicfiles/business/html-files/moe/s271/201405/168821.html.

务风险。[①] 具体来说，中小学校长的财务和资产管理工作主要从四个方面进行。

（一）合理编制预算，加强收入与支出管理

在预算编制上，校长应遵循量入为出、收支平衡、统筹兼顾和保证重点的原则，把控学校预算编制的全面性与合理性，针对本年度学校发展和规划的大事做具体预算。实行预算内外的综合统筹，将学校的收支管理纳入学校的预算管理体系中去，加强资金的预算管理。根据学校发展的总体情况和各个部分的支出状况进行综合分析，细化财务预算的项目，做到有章可循。监督学校各部门各项事务预计的收支情况，确保学校预算编制的详细有据。中小学校的收入主要包括财政补助收入、上级补助收入、附属单位上缴收入、经营收入等。财务支出主要包括事业支出、经营支出、对附属单位的补助支出、上缴上级支出等。校长根据学校的实际情况，在政策允许范围内，应最大限度地为学校争取办学经费。同时保证学校如实收取各项费用，杜绝乱收费以及各种不正当的收费项目。支出管理方面，应秉持勤俭办学的理念，由校长带领学校领导班子对各项支出做出合理的分析和决策。对公用经费支出进行总体把控，严格控制各项经费的支出，禁止公款私用行为的发生；对各专项资金支出进行合理规划，保证资金的支出合理；完善审批制度，严格控制预算超支；中小学校会计信息必须完整，做好资产负债表、收入支出表、财政补助收入支出表等主表和事业支出明细表等附表，按照月度、年度编制财务报表，进行信息公开，保证财务支出公开、透明，经得起审计和检查。

---

① 教育部网站，http://www. moe. gov. cn/publicfiles/business/htmlfiles/moe/moe_1779/201212/146181. html.

(二)实施动态管理，防止学校资产流失

学校的资产包括流动资产、固定资产、在建工程、无形资产和对外投资等。流动资产中流动能力最强的是货币资产，为了维护学校机体的健康以及顺利发展，校长应重视对货币资产的管理，保证学校的会计和出纳钱、账分管；校长应保证学校的资金使用范围按照规定进行，对工资、津贴、个人劳务费、奖金、助学金等资金的使用情况进行监督，不得坐支现金；保证学校的现金盘查、现金支付、现金核算等按照具体的规章和制度执行。

在保证流动资产正常运转的前提下，学校的固定资产管理工作仍不容小觑。第一，校长应对学校资产的购置进行科学合理的规划，不能跟风、盲目攀比，保证固定资产如实入库。第二，应加强对固定资产的保护。加强资产的使用和维护，如房屋的检查和修缮、教学仪器的检修和校对、对易耗品(如粉笔、笤帚、拖把、墨水、备课用纸等)做好防潮和节约措施，避免浪费。第三，针对上级单位调拨的教学仪器等，要掌握好调拨单；对于捐赠的资产，一定要监督保证如实入账，避免公为私用，导致学校的资产流失。第四，通过电算化管理来保证资产管理的效益，节省大量的人力物力，减少学校开支。对学校资产的管理需要实行岗位负责制，对不同的资产进行分类编号，各科室制作具体的资产清单，将资产管理的工作落实到每个人身上，确保出现问题时可以在第一时间内找到责任人。第五，对学校资产总账的管理需要高度重视学校资产管理总账的制定情况，定期进行清查，做到资产的账实相符；同时对学校报废的资产要定期清除，保证损坏的资产不在学校资产的账目清单中。在此，需要特别指出的是，中小学校长应加强与各学校间的沟通与交流，在能力范围内实现资产共享、共用。

（三）依托制度，进行科学核算

除了收入管理、支出管理以及资产管理，学校财务管理还包括结转和结余管理、专用资金管理以及负债管理等。根据《中小学校财务制度》，各学校可依本校的实际情况编制本校的财务制度，学校的财务和会计需要根据原始凭证对学校的各项收支进行核算。保证财务核算严格按照相关规定来执行，对学校资金的筹集、分配和使用过程做及时、准确、详细的连续记录，真正做到账证相符、账账相符、账实相符、账表相符；强化法律意识，对于财务管理中一些常见的问题，如"私设小金库""账外账"等，从源头上进行防范；各项专用资金的使用情况需要根据实际情况进行合理规划；加强代管款项管理，分项核算，按时结清；针对不同性质的负债分类管理，及时清理并按照规定办理结转，保证各项负债在规定期内偿还，与此同时应加强财务风险的防范和控制机制的建立。

（四）定期自查，组织财务分析

《中小学校财务制度》规定，各中小学应定期向主管部门和财政部门等提供报表，接受上级的清算、审查和监督，为了保证中小学财务健康运转，中小学校应制订相应的自查制度。第一，中小学校长应组织领导班子定期进行自查。在自查时主要针对学校的收入及支出、结转、结余及分配、资产负债的变动、对外投资、资产出租出借、资产处置、固定资产投资等情况，制作详细的财务说明书，做到真实有效，保证学校财务管理工作的健康运行。第二，加强财会队伍建设。进一步推动财会人员专业化进程，对"无证上岗"零容忍；依法实行财会人员岗位间的定期轮换，强化内部控制与监管；健全财会人员聘用、考核、激励制度，保持队伍稳定；加强财会文化建设，营造财会人员廉洁、爱岗、敬业、奉献的良好氛围。第三，中小学校长应在宏观上保证预算、决算编制的科学性和真实性，预算执行的均衡性，各项收支的合法性与合理性，结转和结余资金以及专项资金管理的合规性。第四，中小学校长应加强风险防范意识，针对学校负债的安全性与风险性进行合理的预测，组织财务人员进行财务监督，学生人数和教职工人数等的真实性和准确性也是财务监督的主要范围。第五，在学校自查的基础上，中小学校长应及时组织针对每一年度的财务状况进行财务分析。主要包括学校预算编制与执行、学校的资产使用、学校的专用基金变动等情况，找出财务管理与执行中存在的问题，及时进行调整与改进。

三、人事管理

2003 年，《关于深化中小学人事制度改革的实施意见》颁布，标志着我国中小学人事制度改革进入一个新时期。改革的重点在于实行聘用（聘任）制和岗位管理，优化中小学教职工结构，实行教职工聘用（聘任）制；完善中小学教职工工资保障机制，建立健全分配激励机制。人事管理工作是校长工作的重点内容之一，具体分为岗位设置、岗位管理以及教职工队伍建设等方面。

（一）科学设岗

中小学的教职工编制是进行岗位设置的主要依据。有学者指出，就目前学校的人员结构状况和工资政策来看，可以将学校教职工分为管理人员、专业技术人员、工勤人员三类。① 在设置岗位时，校长需

---

① 卢来根．如何做好中小学岗位设置[J]．上海教育科研，2011(7)：38．

要秉持"按需设岗"的原则。在核定的编制数和教师职务比例结构内，根据本校的教育教学任务、学生数和班额、教职工工作量来合理定编，制订岗位设置方案，报主管部门审批；岗位设置方案需要由集体讨论通过方可以实施。从多方面利益角度思考，广泛听取现有教师员工的建议和意见，保证每一个编制都能得到合理的利用，能不设的岗位坚决不设，能少设的岗位绝不多设，发挥好岗位设置的管理效益。当学校出现任何事情时，都能找到岗位负责人，避免相互推诿、滥用职权等现象的发生。

（二）从身份管理走向岗位管理

从身份管理走向岗位管理，是推动中小学人事制度改革的重要环节，目的在于消解工作惰性，调动教职工的主动性和积极性，更好地做好本职工作。在合理的岗位设置方案的指导下，按照相关规定，校长应牵头组织制订岗位细则，严格聘任程序，实施公开招聘，竞争上岗，择优聘用；学校对聘任的教职工实行合同管理，与学校签订聘用（聘任）合同，明确聘期内的岗位职责、工作目标、任务以及相应待遇，任期内的工作职责需要按照岗位说明书以及合同内容执行；实行定期考核机制，对不同岗位的员工进行考核；实行按需设岗，势必会导致部分人员的暂时性"下岗"，对这部分人员实施人文关怀，允许其选择"在岗学习"，在一定期限内进行再次考核；进行岗位清理时，校长应严肃岗位整顿力度和风气，加大对在编不在岗人员的清理力度，维护学校内部的健康运转。同时，校长注意把"合适的人放到适合的位置"，考虑教职工的工作能力是否与岗位相适应，让教职工的成长轨迹与学校的发展目标相一致，为教职工搭建施展才华的平台。

（三）优化教职工队伍

优化教职工队伍，需要从多方面入手，在实施激励政策的同时还需执行定期考核机制。在激励政策的制定方面，中小学校长可组织学校人事管理者，根据学校财务运作的实际状况，与工作绩效、工作量和岗位职责相匹配，在可支配的范围内设立校内薪酬奖励办法，广泛听取教职工的建议，经由教代会讨论审核通过。在强化学校定期考核制度层面，中小学校长应深入教职工中间，关注教师的职责和贡献，关注教师教学能力的提升及管理人员的服务意识。中小学校长应强化教师的进修和培训工作，定期组织青年教师参加进修和培训，将主要精力放在提升教师教学水平和促进教师专业发展上。中小学校长应加强对师资流动的管理，尤其是农村中小学，必须关注教师向城镇中小学的流动情况。可以通过采取相关措施，为教师争取到最大限度的保障，使得教师肯在农村扎根，愿意为农村基础教育做出自己的贡献。

第二节　学校管理实务的基本原则

学校管理是对学校资源进行组织安排的活动，以管理的有效性作为追求的直接目标。学校管理既要遵循学校教育规律，也要遵循管理本身的规律。学校管理原则是学校管理工作必须遵守的准则，本节主要对价值引领、民主管理、责任到位和有效授权四方面原则进行梳理。

一、价值引领原则

随着社会环境的发展和变化，社会中每一个体对职业道德的新认知，逐步化作对职业价值的认同和新的价值追求，从而形成自律性的职业行为规范。这一价值转向，是基于对原职业价值内涵优秀品质的承袭。社会转型期间，学校的管理者以精神目标和高尚的价值追求引领学校组织成员，是学校管理活动遵循自身规律的首要原则。"火车跑得快，全靠车头带"，对于学校而言，在实行校长负责制的今天，校长是学校的核心力量。作为团队领导者，校长需要站在战略的高度对学校的现实情况和各个阶段的发展目标形成清晰的认识，定期向学校每个成员传达学校发展的目标，激励成员对学校的未来发展充满信心，形成内驱力，充分发挥各自的才能，为学校的发展创造性地开展工作。

从价值层面来看，校长的职责在于廓清教师群体的不同需求对价值取向的影响因素，甄别其价值取向的类型和维度，确立并维护各个价值层级的正当性，在价值认同的基础上实现常态的教师工作的价值秩序。教师群体虽然有不同的价值取向，但是否拥有最基础的价值品质是衡量教师职业道德和从教能力的基本要素。"组织不是一种客观存在，而是一种社会建构，是一个为他人所共享的理念。个体是实体，引导行为的是共同的决定和共识。组织生活的大多数事情就是不断地建构和解释意义。作为认识世界主体的管理者本身同时也是参与者，价值观在意义建构中起着重要的作用。"[1]价值的显现是通过行为表现出来的，对于学校管理者而言，"党员、干部特别是领导干部要在培育和践行社会主义核心价值观方面带好头，以身作则、率先垂范，讲党性、重品行、作表率，为民、务实、清廉，以人格力量感召群众、引领风尚。"校长担负着价值生成、价值澄清、价值传递的任务，在于"确定学校的价值理念，宣传学校的价值理念，凝聚师生员工的价值共识，牢牢把握学校价值方向"[2]。校长的价值取向是否正

---

[1]　吴岩. 教育管理学基础[M]. 北京：清华大学出版社，2005：31.

[2]　石中英. 做学校价值的领导者[N]. 中国教育报，2006-07-04.

当，是否遵循规范性制度，形成自我规范性约束，关涉到学校各个群体对制度和管理者的信任度，关系到学校目标与教师个人目标是否能达成总体相向，在共同规则之下，形成普遍遵守的信念和习惯，以保证相互间可信任的合作的实现，这构成了学校生存和发展的最基本的合理性基础。

二、民主管理原则

管理的基本要求，是用最小的代价换取最高的效率、最好的效果和最大的效益。管理中最重要的环节就是决策。决策，并非一人之能事，尤其在今天这个知识与信息飞速发展的时代，个体的经验与智慧很难有全局性的把握。这就要求管理必须要遵循民主化管理原则，学校管理亦是如此。学校中的人力资源主要是教职工，主体为从事教学工作的一线教师。学校实行民主化管理是教职工参加学校的管理活动、行使民主权利的具体体现，其优点在于保障教职工参与学校管理，监督学校各级管理人员的权利，能够充分调动教职员工的主观能动性与工作热情。

案例分享

运用民主化管理原则，破解学校干群关系紧张局面

李校长认为，教师的工作是需要被认可的，他们可能不计较奖金，却也很看重荣誉。五个人，只有四个荣誉，怎么办？以前的做法是校长说了算，那样会伤害一些教师的感情。"一把手"决策比较简便，但后遗症比较多，民主决议虽然程序比较复杂，但科学性、有效

性比较高。去年，李校长改变了"一锤定音"的方式，而是把荣誉的评选标准公布出来，教师对照标准，自己衡量，报名参评。报名之后，由相关部门组织人员对照条件进行审查，最后由校务委员会投票决定。学校校务委员会由各方面代表组成，以前它起到了智囊团的作用，现在又具有了参与重大决策的功能。

学校在教师培训方面有一个创新点，就是建立"名师工作室"。目的是要发挥名师的示范作用，加快年轻教师的成长。建立名师工作室首先涉及由谁来当名师。学校通过自荐、材料审核、学校考核、校务委员会通过和公示等多重程序，规范遴选过程。名师确定后，要签订名师工作协议，规定名师有哪些权利，哪些义务。学期结束，还有一个考核程序，名师要对校务委员会做一年的工作汇报，然后由校委员会投票表决，如果大家不认同某个名师的工作，下一年，就不能继续担任名师工作。经过系列程序确定的名师，群众认可，威望很高，名师本人也都非常珍重"名师"这个称号。

资料来源：http://www.czedu.gov.cn/Disp.Aspx? serid=6840.

案例中，荣誉归属是困扰每所学校管理的难题，校长如何放权，怎样建立并实施民主机制，这是实施民主管理的主要议题。民主化管理需要做到以下几点：第一，提高透明度。凡是与教师切身利益相关及与学校利益相关的事务，教师有知情权。第二，教师有充分机会发表意见。教师可以参加学校的重要会议，为学校工作出谋划策。学校领导随时听取群众意见，不搞一言堂。第三，实行平面化管理。让教职工有具体工作的执行权、监督权，每个人都担当着管理学校的责任和权利，形成责任共同体。第四，学生有参与学校决策的权利，如教师教学质量管理、食堂伙食质量等事项，让学生亲身体验民主程序，受到教育和训练，培养学生的民主意识。

学校不是"孤岛"，与社会之间有着千丝万缕的联系。除了实行内部民主之外，学校还应当加强与社会各方面之间的联系，如争取行政管理部门的支持和指导，争取社会各界的帮助等。学校定期向家长做工作报告，报告有关事项决策，由家长提出批评建议，对学校工作进行监督反馈与支持。

三、责任到位原则

责任制是管理体制中最重要的部分。在学校管理中应注意五个方面：分工合理；职责明确；要求规范；考核认真；赏罚分明。具体而言，分工合理是指管理者依据岗位要求，合理调配岗位的职责内容及范围，做到岗位内容与岗位间工作量与责权的适度；职责明确和要求规范是指，通过相关岗位制度，明确岗位内人员拥有的权力，需承担的责任，做到权与责的匹配与对等；考核认真是指对岗位内人员职业状态与职业行为结果进行价值判断时，以认真和严谨的专业精神，运用科学、规范的评价方法，进行合情合理的岗位考核；赏罚分明是指领导者依据岗位制度要求，对从业人员的职业行为的绩与错进行公平、公正、公开的奖励或惩罚，目的在于规范行为、改正问题、激励发展。

 案例分享

到底谁该去取书？

开学之后，学校教导处接到了书店的取书通知。前几年是由教导

处通知各班自己去取，这一次，教导处王主任将任务转交给了总务处李主任。李主任正在忙着修整操场，拒绝去取书，两个处室之间产生了分歧。王主任说，取书这件事本应该就是总务处的事，原来总务处人手少，学校没有车，也就免除了责任。今年的情况有所改变，学校购入了新车，总务处人手也增加了，作为服务部门，取书是应当应分的。李主任说，总务处以前没有负责过这项工作，取书是与教学有关的事，应该由教导处负责。

资料来源：萧宗六.学校管理学[M].北京：人民教育出版社，2008：197.

案例中，两位主任都是从自己部门利益角度争论，没有考虑到学校的整个大局。究其根本，是学校管理者没有对各部门进行合理的责任分配，没有对可能出现的新情况制订应对方案。

部分学校在事务管理过程中多采用"老人老办法、新人新办法"的妥协做法，出现"公说公有理，婆说婆有理"的问题时，往往是"各打五十大板"，而不是通盘考虑，认真思考如何避免这些左右相关、前后相连的工作出现失误。为此，校长必须要求各职能部门树立责任意识，工作到位的意识。同时加强人际关系的协调，建立和强化各部门间的良好关系。坚持原则性和灵活性的统一，把各项工作视为有机整体，树立全局观念。在干部分工上，保证工作有人抓；在教职工的力量配备上，保证各项工作有人做；在活动内容和时间安排上，保证各项工作都占有应有的地位，做到既突出重点，又能统筹兼顾。

四、有效授权原则

从管理的角度看，有效授权是一个管理层次问题。校长要做到

"有所为，有所不为"，要充分调动师生员工的积极性、主动性和创造性，充分信任他们，给予他们自主管理的权力，鼓励和培养积极的自主管理，而不能事无巨细地取代职能部门的具体工作。校长可以根据本学校发展目标，具体化组织内部、各层级工作人员的工作目标，赋予他们相应的权力和职责，用配套制度使大家各司其事，各负其责。校长在学校管理中应从宏观上把握，中观上指导，对于问题进行微观上处理。权力的科学下放与分配，带来了管理效率的提高。

 **案例分享**

"安乐校长"

某乡中心小学有 20 多个班，学生 1000 多人，是某省的一所农村窗口学校。该校老校长因积劳成疾，提前办理了退休手续，上级委派安校长接任，并兼任党支部书记。

安校长到任后，和老校长的四位副手开了个会，决定各负其责：赵副校长分管教学，钱副校长分管后勤和校办工厂，孙副校长分管全乡完小、初小，李副书记分管思想政治工作。最后，安校长对他们说："论教学我不如老赵，办厂搞勤俭办学我不如老钱，中心校下属完小、初小的情况我不如老孙熟悉，思想政治工作你老李比我行。今后你们各司其职，大胆工作，各自责任范围内的事不用来问我，干好了是你们的成绩，有问题是我的责任。你们解决不了的问题我们一起研究。"一席话说得四位副手面面相觑，大家心里有些纳闷："你当校长的干什么呢？"

安校长到校三个月，与老校长形成强烈反差。老校长事必躬亲，别人一天干 8 个小时，他却要翻一番，是有口皆碑的老"劳模"。人说新官上任三把火，可是安校长上任连"灯"都不见点一盏。他尊重副手，有事先和副手商量，让他们独立工作，独立处理所管事务。而习惯于向老校长"每事问"的四位副校长逐渐一反常态，开始当机立断地处理起分内的事务来。过了一段时间，教职工中"安乐校长"的称号不胫而走。

"安乐校长"在干什么呢？一是，他在校内进行了大量的调查研究，深入辅导区的各学校了解情况，和助手们共同分析学校的条件，研究当前小学管理的热点和改革趋势。经过大家反复讨论，用了三个月的时间，学校制订了一个启动学校活力、重点推进素质教育的整体改革方案，并付诸实施。二是，该小学以及下属各小学开始推进校长负责制、教职工代表大会制、岗位责任制、聘任制和奖惩制等，对学校内部管理体制进行了较大的改革。安校长则巡回二辅导区所属各校之间，进行督促、激励。无论是干部还是群众都同心协力，各尽其责，奋发向上。几年后，学校各方面的工作都取得了显著成绩，分管的李副书记、赵副校长、钱副校长、孙副校长都分别受到县里、省里的表彰。当人们谈论起"安乐校长"时，都流露出尊敬和赞美之情。

资料来源：吴志宏．学校管理理论与实践［M］．北京：北京师范大学出版社，2002：3．

案例中，"应管与不应管"，是管理上的对应与统一。安校长对学校管理的高效在于善于放权，明确"应管与不应管"，抓"大"放"小"，摆脱烦琐事务的束缚，集中精力抓大事，做到"校长出思想，副校长出思路，中层干部出举措，员工出行为"。充分信任和支持下属积极、主动、创造性地工作，在具体工作上要做到"放手而不撒手"，对每个副手的工作，表现好的要及时肯定、表扬；对不足之处要帮助提高。事实证明："一把手不放手，下属难动手；一把手一放手，下属成高手。"

作为一名校长，需要明确自己的角色，用自己的激情，带领自己的团队，用机制、用智慧、用责任心去经营学校，办出特色，培养具有强烈社会责任感和创新能力的合格公民。

第三节 如何提高学校实务管理效率

提高学校的管理效率，需要充分利用教育资源、挖掘教育潜力，使一所学校在同等条件下，降低教育成本，获取更高的教育效益。作为校长，需要转换管理理念，创新教育管理激励机制；在管理过程中与师生员工进行良性沟通，平衡需求与制度之间的矛盾；实施情感管理，以人文关怀来凝聚人心人力；建立期望效应，注重内向激励与外向激励的转化，有效地促进教师教学观念的转变，真正提高整个学校的教育质量。

一、良性沟通：满足教师的合理需求

教师的基本需求主要包括物质需求和精神需求，精神需求是指教师对学校的认同感、归属感，以及在工作中得到领导、同事和学生的情感支持。作为学校校长，不能仅是以制度化的思维方式和行政手段，通过各种文件和规定对教师发布"命令"、下指示，更需要规划好学校或部门的发展蓝图，成为引领教师不断前行的"领导者"，在引领中不断给教师以"前进的希望"，激发并释放教师蕴藏的潜能。如果教师认为，管理者能够给予教师的只是"权力的影响力"，即权力带来的

利益，不能对教师个体如何发展、如何构建自己的人生规划、如何实现自己的价值等诸多问题加以点拨和解决，管理者在教师心目中的形象将成为"不过就是坐在位子上的那个人"。学校管理者的"领导"和"指示"也就不会对教师产生有意义的影响力。

 案例分享

他为什么又不走了？

王校长调到某县农村中学已经三个月了。一天，刚听完课，初三化学李老师敲门进来了。李老师郑重地说："王校长，这是我的请调报告。我大学毕业来这教学已经五年了，这里条件差，没奖金，福利薄。结婚四年，还没房子住，孩子也无法入托，实在有困难。况且，其他年轻教师都找到了出路。您来这学校才三个月，我们彼此无恩无怨，请您给我安排个简单工作，我一边工作一边办调动。"

王校长心里一震，诚恳地说："小李，你能把心里话说给我听，就是看得起我。你还年轻，大有前途，我同意你调动。我来到学校时间不长，可我了解你。五年来，你工作勤勤恳恳，任劳任怨，从来不缺席早退。自从你教初三化学课以来，教学大有长进，学生很爱听你的课。只是经费短缺，学校多年来欠老师的太多，伤了老师们的心，才迫使有些老师调走！在我任期的五年里，如果不把学校面貌改变，我就自动下台！调动的事你尽管办，初三的课你照样教。你这个人我知道，不让你上课，你会不舒服！"

谈话以后，李老师与王校长之间的距离缩短了，他有什么话都愿意跟王校长讲，有什么想法也愿意和王校长谈；王校长也时常与李老

师拉个家长里短。事实正如王校长所预料的那样，李老师虽办调动，但从不缺课，而且初三的复习迎考工作抓得有条不紊。

一次，李老师向王校长反映：由于学校没有院墙，各种设施不好看管，玻璃总被打碎不说，还经常有不三不四的人进校骚扰，值班室里的被子又脏又破；学校油印机坏了，出套复习题都没法印……李老师没完没了地说，王校长记在心里。轮到李老师值班了。晚上，他来到值班室，一下子愣住了：室内干干净净，床上铺着新被子，桌上一瓶热开水……这一夜，李老师感到心情非常舒畅。第二天一早，炊事员师傅就来喊他去吃饭。不久，教研组长告诉李老师，学校新买了台速印机，今后印材料，一律送到打印室，由专人负责。

中考后，学校放了暑假。估计考试成绩快下来了，李老师在家里怎么也待不住，便来到了学校。只见后勤人员正在建围墙，校园里热火朝天，王校长也在其中忙着搬砖。见到李老师，王校长说："告诉你个好消息，刚才接到县招生办的电话，我们学校打了翻身仗，有35名同学考上了重点高中。你为我校做出了贡献，就是调走了，功绩也会记在全乡父老的心中。午后你和我到县里去取成绩单，我顺便找找熟人，争取假期给你办好调动，开学你就去新单位报到……"王校长还没说完，李老师的眼睛已经湿润了，他有些内疚地说："现在，我已经不想调动了。"

王校长听了，一拳打在他的肩膀上："太好了，那我们就一起干吧！"

资料来源：赵德远．他为什么又不走了[J]．中小学管理，1994（7）：8.

从案例中，可以看出王校长在与李老师沟通时做到了三点。首先，具有宽容之心。能够听得进来自教师对工作的情绪倾诉和工作建议，把教师心理方面存在的问题转化为管理问题予以解决。缺少沟通的管理只会增加彼此的不信任感，引发工作的低效与无效。"有时，沉默待人比有声地指责更能有效地传达一种负面的情绪。冷淡和不明朗的态度通常比否定更是一种表达低期望的态度，导致低下的工作绩效。"①虽然管理者与教职工之间的沟通不一定会达成共识，但对于消解冲突具有积极的意义。其次，善于发现他人的优秀之处。从积极的角度发现并唤起教师的社会责任感，激发教师的正义意识，不断提升教师教育教学行为的底线。最后，具有关切情怀。能够用实际行动感化教师，这是产生凝聚力的重要环节。

❓ 大家谈

王老师是一位年轻的女教师，工作积极负责，教学能力又强，在附近有一定名气。校长委以重任，宣布让其担任毕业班班主任。不料两个星期后，王老师找到主管班主任的副校长说要辞掉班主任工作，因为孩子幼小多病，怕耽误了学生，也担心无暇顾及孩子。要求了几次后，副校长答应了。这天，学校开全体教师大会，校长当众点名批评了王老师，说她无故不上课。会后，王老师流着泪找到校长办公室，诉说自己就是在孩子住院时也没耽误学生一节课，为什么说自己无故不上课了。校长说是主任汇报的。王老师又找到主任问究竟是怎

---

① J. Sterling Livingston. Pygmalion in Management. Harvard Business Review，September-October，1988，pp. 121-131.

么回事，主任说："有一次，我看见教室没有老师上课，正好校长路过问起此事，就顺口说可能是你的课，可没说一定是。谁知道，校长他……真是糊涂了。不过，可能校长还在生你不当班主任的气呢，你不知道，很多人想当班主任都当不上，让你当你反而不当……"就这样，这件事不了了之，王老师没有再去找校长，校长也没问起过这件事。后来王老师坚决调离了这所学校。

资料来源：吴岩. 教育管理学基础[M]. 北京：清华大学出版社，2005：72.

这个案例不是简单的个案，相信许多学校都有过类似的事情。如何通过良性的沟通，消解那些由于表达不清或理解有误的误会，这是考验校长的沟通能力。校长在与教职员工的人际交往中，应该树立怎样的沟通观念，如何进行沟通，达到缓释员工的心理压力和不必要的冲突，是需要每一位校长认真思考的。

二、情感管理：人文关怀凝聚人心人力

人是管理中最重要的因素，现代学校管理必须是以人为中心的管理，最大限度地调动教师的积极性，这是由学校管理的特殊性决定的。学校管理不仅需要有严格化的制度作为基础，更需要用人情味的管理风格来加以融合。

 案例分享

南京市夫子庙小学校长程钢很重视对教师的情感管理，关心他们

的工作和生活，坚定不移地走"群众路线"。他认为，教师是很注重情感的群体，教师的情感如火山口那层薄薄的岩层，这个岩层一旦被熔化，将会爆发出冲天的烈焰。对于这个薄薄的岩层，严寒冰霜只能使其更加坚硬，唯有温情与人文关怀可以将其熔化。在程钢的脑海中，教师应是自己的工作伙伴和服务对象，校长应以朋友的心态去为教师服务，在管理过程中充满着温情，这样才能和教师产生心灵上的共鸣，从而收到好的管理效果。另一方面，在教育人力资源竞争激烈的今天，单一维度的需要满足是难以吸引教师的一个方面，"软环境"才是吸引教师特别是优秀教师的根本所在。"硬环境"主要体现在校园基本建设，而"软环境"则更多地体现在校长的人文关怀上。这是程校长对教师管理的深刻感悟。

资料来源：王铁军. 名校长名教师集体性个案研究[M]. 南京：江苏人民出版社，2007：90.

通过程校长的管理理念，我们可以看出情感管理的重要意义，对于教师的激励，不能仅是物质的刺激和制度的规约，走进教师的内心世界，关心教师在生活、工作等方面的成长，做到工作上诚恳相待，情感上诚挚相融，生活上诚心相助，与教师产生"心灵上的共鸣"，以人文关怀凝聚人心人力，这是学校管理者实现情感管理的必然路径。

三、期望效应：内向激励与外向激励的转化

管理离不开激励，不管是普通教师，还是校长。每个人身上都蕴藏着巨大的潜能。如何激励教师，让教师全身心投入教育教学中，是每个学校管理者最重要的职责和必备能力。激励可以分为内向激励和

外向激励，前者源于教师自身的责任感和内在价值取向，为丰富自己的生活和工作，自在自觉地追求既定的目标，与教师外显行为相一致。后者为外在的体制机制所设定的激励制度。内向激励和外向激励可以相互转化，校长要善于通过激励制度把教师的外向激励转化为内向激励，通过外向激励催发教师的内在需求，增加教师对学校的认同感和归属感。

激励性制度的执行，还须注意，教师对保健因素和激励因素认识存在差异性。一般来说，行为主体认为保健因素是应当得到的，如果得不到会产生安全感危机。而激励因素是额外的收获，能够起到鼓励的作用，但激励因素会出现边际效益递减现象，当教师把激励因素转变为保健因素，认为得到是理所当然的，就意味着激励作用的失去。建立期望效应是塑造激励的有效路径，管理者要通过树立管理期望和友善的态度塑造教师的期望效应，建立教师对本职工作和自我的信心。换言之，管理者对教师的期望以及对待教师的方式在很大程度上确定了教师的工作绩效和职业进步，尤其是对于新入职的员工。

❓ 大家谈

哈尔滨市兴华小学校长高姝是一位关心教师的好校长。她在繁忙的工作之中，不知多少次与青年教师促膝谈心，交流思想，解决他们在生活、工作中遇到的麻烦与困惑；不知多少次与青年教师探讨教育教学方面的内容，出谋划策，帮助他们解决实际工作中的问题，激励他们积极投入教改实践中，大胆创新，勇于实践，逐步形成自己的教学风格。

一位家住在北安应聘到学校的大学毕业生丁欣，教一年级的英语。因为在哈尔滨市没有亲友，食宿成了问题。高校长理解丁欣迫切需要解决生活问题的心情，积极为丁欣寻找住房。当她知道，丁欣的晚餐有时只对付一口或仅以快餐面充饥时，校长的心又疼起来，及时联系食堂解决丁欣的晚餐问题。现在丁欣每天早来晚走，非常敬业，她常对人说："兴华小学是我的家，高校长就是我的妈妈，我要为这个家多做一些贡献，因为我爱我的妈妈。"

资料来源：韦昌勇，王杰.中小学校基本管理校长培训教程（3）[M].北京：世界知识出版社，2012：83.

作为校长，如何在管理中实现内向激励与外向激励的转化，您有哪些好的做法和建议？在新教师的指导方面，怎样才能缓解工作的压力，提高新教师的教育教学素养，使其早日进入工作角色，请谈谈您的见解。

四、注重公平：保持教师心态平衡

心理学的研究表明，人如果过度焦虑，会降低对周围事物的敏感性，降低对事物的判断能力，使人感到难以胜任工作的要求，常常导致工作平庸化。面对涉及教师切身利益的事务，校长需要秉持公平的尺度，为教师创造公平的职业发展机会，让教师能够充分表达自己的管理意见和建议，尽可能避免教师产生不良的心理体验。下面关于职称评审的案例提供了一些好的做法。

案例分享

职称评审要让老师们"服气"

进入九月份，A市中小学教师职称评聘工作启动，校长们"闹心"的日子开始了。对于校长们来说，这就是"难啃的骨头"。每所学校的老师们的心也都"揪着"。评职称，这关系到每位教师的切身利益。名额少，符合条件的人多；只靠打分，很多时候对那些辛勤工作，加分相对少的班主任老师不公平；做不好，会引起校内外的不良影响。这段时间，A市第一实验小学张校长却显得很轻松。教育局开会时，看着急着找局长"要名额来灭火"的同行，张校长想的是学校的进一步发展规划。

2011年7月，就任实验一小校长时，张校长就面对着"如何评好职称"这个难题。教育局张局长曾在大会上要求各校校长，职称评审要做到让老师们都"服气"，少些"告状"的，多些"能干的"，这是评价学校校长工作情况的一条硬指标。

2011年，局里划拨给实验一小10个高级职称指标，学校里符合评审条件的有30多位教师。当时，张校长的确很为难。怎么办？怎么做才能让老师们都"服气"？思前想后，张校长决定，要针对可能出现的各种情况，建立评审机构，建立严密的操作程序和制度来保障评审工作的顺利开展。

第一，校长不是唯一决策人，需要由评审组织共同决定"谁能上"。即使校长对结果不满意，但也要尊重集体做出的决策。评审机构的人员组成要多元化，既要有校领导、职能部门负责人，还要有普通教师代表，所有人员必须由全校教师大会审核确定。

第二，不能仅依据打分来评价教师的业绩表现。虽然教育局下发了《教师专业技术职务考核推荐量化细则》，学校还要根据实际情况，在不违反制度的要求下，制订自己的评审细则，重点要突出教学工作业绩特别是班主任工作业绩较好的教师。

第三，学校有30多位教师具备评职称的资格，此次只有10个指标，不能只排出前十名就万事大吉了，应该多排出几位，然后投票，按票数多少确定前十名的教师。

第四，整个过程公开化。有关评审的制度需要全体教师同意，方可执行。如果执行过程中发现制度有瑕疵，也要执行到底，在下一年度的评审之前再修改完善。让全校每位教师都有知情权和举报权。杜绝"假证书"现象，坚决不能让弄虚作假的个别人"得逞"。同时，杜绝"托人情，找关系"现象的发生，一经发现，取消参评资格。

经过几番讨论和修订，形成了工作方案和考核量化细则。在工作过程中，各个部门严格按照既定计划实施，高质量、高效率地完成了任务。三年来，第一实验小学的职称评审工作都很顺利，虽有个别老师找过张校长倾诉苦衷，但无一人向上级部门申诉，这就是张校长却显得很轻松的原因。

对于普通教师来说，职称评定是"一辈子的大事"。张校长能够"悬置"自己的偏好，在量化考核的基础上精心地设计出评审方案，采用增加首轮名额和集体决策的方式避免了量化管理可能会产生的问题，也消解了教师的不平衡感，有利于激发教师的创新精神和踏实工作的积极性。

行动研究

A 市第一实验小学 2013 年职称竞聘工作方案

根据《2013 年 A 市教育局直属单位职称评聘工作方案》和《A 市教育局直属中小学教师专业技术职务考核推荐量化细则》的文件精神，结合我校实际，制订如下工作方案。

一、指导思想

2013 年职称竞聘工作坚持以科学发展观为指导，认真贯彻省市有关职称竞聘工作的政策规定。通过职称竞聘充分调动广大教师的积极性，推进和谐、普惠、优质、均衡和人民满意教育进程，为我校各项工作和谐发展，全面实施素质教育提供制度保障和人才支持。

二、工作原则

1. 坚持依法办事，公开透明的原则。

2. 坚持评审标准，实事求是的原则。

3. 坚持规范操作，和谐稳定的原则。

三、范围与对象

学校现有在编在岗工作、持有相应层次教师资格证书，并符合竞聘高一级专业技术职务条件的工作人员。

四、竞聘条件

1. 遵纪守法，贯彻党的教育方针，忠诚人民教育事业，教书育人，为人师表，具有良好的职业道德。

2. 与学校签订了聘用合同，持有相应层次教师资格证书，身体健康，能够坚持正常工作。

3. 符合《A 省中小学教师水平评价基本标准条件》（省政办明电〔2013〕22 号）文件中基本条件、业绩能力水平、任职资历条件等相关要求。

五、竞聘岗位数额

依据《A市深化中小学教师职称制度实施方案》(A市人社联字〔2013〕27号)和《2013年度A市职称评聘工作安排意见》(A市人社〔2013〕71号)精神,经学校申请,报市教育局、市人社局审批,竞聘岗位数额按照学校空缺岗位总数的40％执行。学校现有空余高级教师岗位4个,本次竞聘高级教师岗位数额为2个。

六、竞聘程序

1. 宣传发动。召开教职工大会,组织全体教职工认真学习领会《2013年A市教育局直属单位职称竞聘工作方案》和《A市教育局直属中小学教师专业技术职务考核推荐量化细则》的文件精神,使广大教职工充分了解职称竞聘工作的政策、精神和聘任的程序及有关要求。

2. 成立工作组织。按照《A省中小学教师系列专业技术职务(职称)评审办法》中关于竞聘推荐委员会的要求,我校专业技术职务竞聘推荐委员会由民主推荐产生的党委、纪委成员和高级教师代表,共计13位组成。主任由校长、书记担任,副组长为校级领导3人,成员为人事主任1人、教师代表7人(含纪检委员)。与竞聘人员有亲属关系及参与竞聘的人员,执行回避制度。

3. 制订职称竞聘工作方案和专业技术职务考核推荐量化细则。学校竞聘委员会根据市教育局关于直属单位职称竞聘工作相关文件,从学校实际出发,拟定职称竞聘工作方案和专业技术职务考核推荐量化细则,并组织实施。

4. 竞聘岗位数额严格按照教育局和人社局审核数额进行。

5. 公布竞聘岗位。学校竞聘推荐委员会向全体教职工公布竞聘岗位数额及岗位职责、聘任条件与有关要求。

6. 个人申请报名。符合竞聘条件人员，向学校竞聘推荐委员会提出书面申请。

7. 资格审核。由学校竞聘推荐委员会对报名人员进行资格审核，对符合规定要求人员的基本条件、业绩能力水平、任职资历条件等进行集中公示。

8. 对公示无异议的人员开展竞聘推荐工作。根据竞聘岗位的要求，由学校竞聘推荐委员会按照说课、专家评议、民主测评、考核赋分、公布竞聘结果的程序，对竞聘人员从职业精神、工作业绩、获奖情况、教育教学及专家评议、民主测评五个方面进行考核赋分。具体详见《A市第一实验小学教师专业技术职务考核推荐量化细则》。

9. 确定拟推荐人选。根据综合统计结果，按竞聘岗位数额由高分到低分择优确定拟推荐人选。

10. 公布聘任结果。竞聘推荐委员会确定拟推荐人选后，在单位显著位置予以公示，公示时间不少于5个工作日，接受教职工的监督。对教职工反映的问题，认真调查并做出相应处理。公示无异议者学校按照申报程序规定上报市教育局。公示后学校将拟推荐人员名单及下一级职务资格证书、教师资格证书、学历证书、成果业绩证明等材料上报，经市教育局审核后，报市人社局确认，并将聘任结果报市教育局、市人社局备案（书面和电子文档各一份）。

11. 竞聘时间。中小学教师竞聘时间为每年度的9月1日，从事教育教学工作年限按照受聘年的9月2日起至次年的9月1日为满一年的规定计算。同时由学校领导与被聘用人员双方调整变更聘用合同，兑现新聘任专业技术岗位工资及有关待遇。

七、时间安排

1.9月9日，竞聘委员会成员讨论2013年学校职称竞聘工作方案及量化细则。召开全校教师大会，介绍学校可使用岗位数额比例及条件，将《A省中小学教师水平评价基本标准条件》《2013年A市第一实验小学职称竞聘工作方案》《A市第一实验小学教师专业技术职务考核推荐量化细则》等文件上传学校群共享，组织教师认真学习，广泛征求意见。

2.9月11日，到人社局、教育局审核空岗数额和竞聘岗位数额的审批。有竞聘意愿的教师，口头向综合处提出竞聘申请。汇总教师意见，下午提交职称竞聘推荐委员会研究修改。

3.9月12日，公布我校2013年职称评聘岗位数额及修改后的工作方案，方案需通过在编在岗教师的85%以上同意，并签字确认。同时将个人资历条件证明材料进行展示：包括相关论文、证件及材料。

4.9月13日，学校通过的竞聘方案到市人社局、市教育局审批。方案审批后，竞聘人员上交书面申请。组织申报人员会议，讲明上交材料要求。召开全校大会，对符合竞聘条件人员进行民主测评。竞聘人员从德、能、勤、绩、廉五个方面述职，每人时间为5分钟。全体教师根据竞聘者的述职情况和任职以来的实际工作表现当场以无记名方式推荐。

5.9月14日(周六)前，竞聘人员按要求上交相关资料。竞聘委员会进行赋分。

6.9月16日，公示竞聘人员竞聘材料。

7.9月17日，组织竞聘人员按照要求进行说课，每人时间为5分钟。竞聘推荐委员会成员根据竞聘者的说课情况和任职以来的实际工作表现当场以无记名方式赋分。

8.9 月 18 日，竞聘推荐委员会对竞聘人员的其他方面进行综合考核，按照成绩排序。

9.9 月 19 日，公布拟推荐人员名单并进行公示，公示时间为 5 天，截至 9 月 23 日。

10.9 月 24 日将推荐人员名单和相关证件资料报局人事处审核，报市人力资源和社会保障局确认，经 A 市中小学职称评聘委员会竞审确定最终聘任人选。

11. 公布聘任结果，办理聘任手续。

注：所有时间安排随教育局人事处的工作安排进行调整。

八、组织领导

为进一步加强学校对职称竞聘工作的组织领导，确保职称工作稳妥进行，特成立学校专业技术职称竞聘推荐委员会，具体成员如下：

组　　长：校长

　　　　　党委书记兼副校长

副组长：党委副书记兼副校长　副校长　副校长

成　　员：人事主任 纪检委员　教导处主任　纪检委员

　　　　　教师代表

九、几点要求

1. 认真学习，精心组织。全体教职员工要认真学习文件，领会精神实质，掌握政策，提高认识，主要工作部门要精心设计，积极为广大教师提供优质服务。要认真受理、答复教师的咨询，积极稳妥地组织实施。

2. 遵守时间，提高认识。要严格遵守时间，服从学校整体工作安排。因个人原因影响竞聘工作的，不按日期安排上交材料影响个人成绩的，均由个人负责。

3. 坚持原则，执行政策。学校始终坚持公开、平等、竞争、择优的原则，严格执行政策规定、标准条件，严格按程序组织实施，确保依法依规，照章办事，科学管理，规范操作。

4. 严肃纪律，保证质量。在组织竞聘过程中，要坚决杜绝弄虚作假、打击报复、徇私舞弊、滥用职权等行为发生，一经查实，严肃查处。对个人弄虚作假的，核实后取消当年申报资格；对已聘任上岗的，按审批权限与程序，解除其聘任职务。

A市第一实验小学教师专业技术职务
考核推荐量化细则

为进一步规范我校教师专业技术职务考核推荐工作，推进学校管理制度化、规范化、科学化，根据《A市深化中小学教师职务改革工作实施方案》和《A省中小学教师水平评价基本标准条件》，结合我校实际，特制定本竞聘量化考核细则。

一、考核项目

(一)职业精神。

(二)工作业绩。包括任现职以来的工作量及工作质量。

(三)获奖情况。包括综合性奖励及业务奖励。

(四)教育教学、答辩及专家评议。

(五)民主测评。包括年度考核及全体教职工测评。

二、考核办法

(一)考核由赋分项目、加分项目、减分项目及否决项目组成。

(二)专业技术职务考核总分＝职业精神计分＋工作业绩计分＋获奖情况计分＋教育教学及答辩、专家评议计分＋民主测评计分＋加分项计分－减分项计分。

(三)专业技术职务考核总分低于 60 分的,不予推荐上一级专业技术职务评审。

三、考核内容

(注:在职业精神、业绩工作、出勤等项目中,均考察近三年情况,时间从竞聘截止日期向前追溯)

(一)职业精神(10 分封顶)

我校以近三年来师德评价的平均分的 50% 计入成绩。超出 10 分按 10 分计算。有经学校查实的师德违纪,此项计 0 分。

(二)业绩工作(40 分封顶)

1. 工作量(15 分)。满工作量计 15 分,超工作量在满工作量的基础上,加 2 分,不足工作量计 13 分(以周工作量计算)。以近三年的工作量为准,后调入的教师以到我校的工作量为准。

2. 工作质量(25 分)。我校以教师近三年评价的等级为依据。每次一等赋 25 分,二等赋 21 分,三等赋 15 分,四等赋 7 分,最终用总分除以相应次数的得分计入工作质量成绩。

(三)获奖情况(10 分封顶)

1. 综合荣誉(5 分)。任职以来教师本人受国家表彰的综合奖或单项奖计 5 分;受省政府、省教育厅等省级表彰的综合奖或单项奖计 4 分;市委、市政府、市教育局等市级表彰的综合奖或单项奖计 3 分;受学校表彰的综合奖或单项奖计 1 分。奖项只取一项,不累计、不重复。

2. 专业奖励(5分)。任职以来教师获得国家、省、市教育行政部门和学校业务的奖励分别赋 5、4、3、2 分。奖项只取一项，不累计、不重复。

(四)教育教学说课(30分封顶)。课标掌握 10 分，案例分析 10 分，说课 10 分。

(五)民主测评(10分封顶)

1. 民主测评由学校竞聘推荐委员会组织。

2. 民主测评在学校全体教职工中采取无记名打分的方式进行，参加测评人数不能低于学校教职工总数(不含被测评人员)的 90%。

3. 测评的主要内容根据竞聘人员的述职情况，结合竞聘人员任现职以来的现实表现进行推荐；测评分按照推荐率折合计算。

(六)考核细则加分项

1. 教龄加分(不封顶)。是指从参加教育工作年度起到 2012 年 12 月 31 日止，每年度加 0.2 分。

2. 任职年限加分(不封顶)。任现职以来每年度加 0.1 分。

3. 支教加分(5分封顶)。对教师任现职以来在地区内支教、省内支教和到省外支教加分分别为 1 分、3 分和 5 分。

4. 校级领导、中层干部、班主任或辅导员加分(不封顶)。对教师任现职之前曾担任过班主任或辅导员工作的，每年加 0.1 分，对任现职以来从事校级领导、中层干部、班主任或辅导员工作的年限予以加分，每年校级领导加 0.3 分，中层干部、班主任或辅导员加 0.2 分。(参加工作后一直在本校工作的教师，由教导处负责提供相应的证明材料，并加盖教导处章；后调入教师在原单位工作期间，要由原单位提供相应证明材料，并加盖原单位公章。到我校之后由教导处出

具证明材料，加盖教导处印章)

5. 招商引资加分(3分封顶)。

6. 年度考核(3分封顶)：任职以来年度考核优秀一次计 0.5 分。(证书及档案)

(七)细则减分项目

近年来如果有下列行为者，要予以酌情减分。

1. 迟到、早退，每学期 5 次之内不减分，超过 5 次，少于 10 次的减 0.5 分；超过 10 次，在 0.5 分的基础上，每增加一次减 0.2 分。旷职的每次减 0.5 分。

2. 不积极参加学校组织的各项活动的减 1 分。

3. 拉帮结派，破坏团结，干扰学校工作的减 2 分。

4. 管理不善引发事故，造成恶劣影响的减 5 分。

5. 教学质量低下，学生家长反响强烈的减 2 分。

6. 考核期内，病、事假 10 天之内的不减分，超出 10 天后，每增加 1 天减 0.1 分，减至 5 分截止(公假、婚丧假除外)。

7. 其他不良行为的。

上述项目可以累计扣分，不设最高限制。

(八)考核细则否决项目(经查实具备以下行为之一的即取消参评资格)

1. 处分期内。

2. 违背国家法律法规和方针政策的言行，造成影响的。

3. 违规补课、违规办班、违规收费、违规订教辅资料的。

4. 有严重影响教师和学校行为形象的。

5. 组织参与非法罢课、集体上访等活动的。

6. 收受学生、家长钱物的。

四、考核工作要求

学校竞聘推荐委员会要认真执行"公开、公正、公平、竞争、择优"的原则，要坚持重师德、重能力、重业绩、重贡献的原则，要充分发挥纪检和广大教师的监督作用。切实保障广大教师的知情权、参与权、选择权和监督权。

五、本实施细则解释权在A市第一实验小学职称竞聘推荐委员会。

资料来源：A市第一实验小学内部资料，由笔者实地访谈收集。

 在线学习资源

1. 中国教育先锋网　http://www.ep-china.net/
2. 教育学在线　http://epc.swu.edu.cn/index_eduol.php
3. 教育思想网　http://www.eduthought.net/

补充读物

1. 胡东芳.学校管理新思维——成为智慧的学校管理者[M].天津：天津教育出版社，2006.

2. 吴恒山.做最好的校长——中小学学校管理实务[M].桂林：漓江出版社，2012.

3. 季苹.学校管理诊断[M].北京：教育科学出版社，2002.

4. 陈亚莉.校本管理与学校权责[M].天津：天津教育出版社，2006.

第三部分　优化内部管理的专业能力与行为

第七章　提升领导班子凝聚力

专业标准

形成学校领导班子的凝聚力，认真听取党组织对学校重大决策的意见，充分发挥党组织的政治核心作用。

标准解读

领导班子凝聚力是一个领导团队的核心，也是一所学校能够有序运转的保障，校长作为一所学校的灵魂，应以团队建设为抓手，准确把握学校领导班子凝聚力的本质特征以及影响因素，通过加强自身的政治素养与专业素养，树立共同的目标愿景，转变传统的领导方式，建立班子成员沟通协作的制度机制，形成班子成员之间的情感共鸣，促进学校各项事务的有序开展。

学校诊断

事必躬亲的校长

前些日子，由于学校要进一步拓宽办学渠道，我走访了一些偏远郊县的学校，发现有些学校的校长对学校的日常事务工作做得非常认真，每天总是很早到校门口检查职工的出勤情况，晚上学校值班也常常自己承担，学校方方面面的事情包括人事、教务、财务等都要自己亲手抓。学校买了小车，校长外出开会也自己开车，甚至于学校总务要买一些拖把、扫帚也是自己开车去买，真是把学校当作自己的家。年末学校买消费卡奖励给教职员工也是校长亲自发放，奖励给某人多少也是校长一人说了算。所以当校长生病在家或外出开会几天，有些部门的教职员工就提早下班，个别部门的领导甚至把一些能自己处理的事情也搁置下来。

有的老师私底下议论说，我们的校长是一个尽职的校长，虽然管理的方法有些传统，但适合我们地区的现实状况；也有老师说，学校管理不能像传统的"家长制"式的管理，校长应该做学校的决策领导工作，事无巨细都亲自操劳的校长，怎么能管理好一个学校？怎么能提升我们地区的教育水平？

问题：校长应该事必躬亲吗？

案例来源：赵其坤．学校"事件"与管理策略[M]．北京：学苑出版社，2008：5.

学校领导班子是整个学校的"头脑"，学校各项事业的发展都有赖于这一"头脑"的良性运转，领导班子成员之间的关系直接决定着班子的运作乃至整个学校的发展。领导班子之间良好的情感、凝聚力的产生与提升，需要领导班子集体共同的努力，通过领导班子集体的一致行为，才能使学校在面临发展困境时能够临危不乱，并保持学校良好、有序地运转。

第一节　何谓凝聚力

关于凝聚力的研究是以 20 世纪 30 年代 Kurt Lewin 对团队动力的研究为肇端的。Lewin 从社会人际关系出发来具体考察凝聚力的内涵。他认为，凝聚力主要关注的是个体与群体之间的知觉关系。在 1950 年，Festinger 正式提出了凝聚力的定义："作用于群体成员使其留在群体内部的作用力总和的场。"[①]著名凝聚力研究学者卡隆(Carron)认为："凝聚力反映群体倾向并因此黏合在一起，共同去追求某一目标或对象的动力过程，其实质是反映一个群体的成员在目标、情感和行为上的整合力量。"[②]我国学者认为，凝聚力也被称为内聚力，原为物理学中的概念，它用来阐释物质结构中分子之间、原子之间黏合在一起的内在力量。随着时间的推移，凝聚力又引申为文化学、伦理学领域的概念。凝聚力通常指以共同的利益、价值、目标为基础，某一集体或社会共同体成员自发或有组织的结为一个有机整体的聚合力。凝聚力是一种互动的动态过程，它表现为一种群体的向心力，同时也是一种影响力，影响组织中的成员的观念、思维方式，最终对组织中成员的行为产生积极的引导作用。凝聚力是群体在目标上、心理上、行为上的一致性，为了共同的信念和理想而做出的集体努力。在

---

① 刘敬孝，杨晓莹，连玲丽. 国外群体凝聚力研究评介[J]. 外国经济与管理，2006(3)：45-51.

② 王钰，高校凝聚力研究[D]. 长沙：湖南大学教育科学研究院，2007：2.

方向上，集体凝聚力的形成具有高度的一致性；在情感上，具有高度的相互信任、相互支持；在行为上，有分工明确的职责权限。凝聚力不仅是维持团队存在的必要条件，同时也是维持组织良好运转的必要条件，而且对组织潜能的发挥起到很好的促进作用。一个团队如果失去了凝聚力，就不可能完成组织所赋予的艰巨任务，本身也失去了存在的条件。团队凝聚力主要表现在三个方面：一是团队本身对成员的吸引力。团队的目标方向、组织形态、团队文化等能够被团队成员所接受，那么对成员的影响力和聚合力就大，凝聚力就高。反之，在团队中没有形成共同的价值追求、共同愿景，组织成员缺乏行为的一致性，那么团队中成员的关系就会趋于松散，吸引力和聚合力就会降低，甚至会使成员感到厌倦、反感，从而脱离团队，削弱团队的凝聚力。二是团队成员之间的向心力和吸引力。团队成员之间存在共同的目标追求、关系和谐、相互关心、爱护和帮助，团队所产生的凝聚力就强。三是班子集体与学校之间的凝聚力，班子集体凝聚力的高低直接对学校整体的凝聚力产生一定的影响，领导班子是一个学校的榜样，领导班子成员间的情感是否达到一致，是否具有共同的价值追求直接会影响到学校其他成员的工作态度和凝聚力，因此，班子团队对于学校而言同样也是一个重要的团体，领导班子团队凝聚力的强弱是学校有序运转的前提和保障。

凝聚力的产生最早源于对民族和国家精神力的研究，而后进入到企业管理领域，开始出现对企业凝聚力的研究，随后教育领域也开始对凝聚力进行研究，主要涉及学校领导凝聚力的相关研究。根据以上有关凝聚力的介绍，我们认为，学校领导班子凝聚力是指在学校中党政人员之间共同追求同一目标的一种动态过程，其实质是学校领导班子成员达成的一致追求以及彼此之间情感和行为上的共鸣和合力。学校领导班子凝聚力是学校校长、副校长、党委书记、副书记、教导主任等成员之间形成的一种共同进退的合力，是成员之间在一种相互信任、相互支持的情感基础上所达成的自觉一致行为。学校领导班子的凝聚力不仅对个人的行为产生影响，同时也是对学校整体发展的一种引领和推动。俗话说，"火车跑得快，全靠车头带"，一个领导班子是整个学校的核心，一个缺乏凝聚力的组织高层往往会彼此怀疑个人动机，把认知上的冲突转化为情感冲突。"由情感冲突引起的敌意会使一些成员对另一些成员的提议产生抵制心理，即使这些提议是以任务为导向的。"①因此，学校领导班子凝聚力的强弱直接影响着学校全部工作的顺利开展和有序运转，学校领导应把班子建设作为学校管理工作的重中之重，只有学校领导集体形成一股合力，学校中的教职工群体、学生群体才能形成合力，最终形成整个学校的凝聚力，促进学校的良好发展。

第二节　领导班子凝聚力的特征及影响因素

凝聚力不仅局限于企业领域，它同样存在于教育领域以及学校之中。学校领导班子凝聚力同样也具有其自身的独特性，有其内在的规律性。与此同时，学校班子凝聚力也要受到来自学校内部自身与外部环境的影响。只有充分了解学校领导班子凝聚力的特征以及影响因素，才能形成更加有效的凝聚力。

---

① 马作宽．组织凝聚力[M]．北京：中国经济出版社，2009：18．

一、领导班子凝聚力的特征

(一)动态性

领导班子的凝聚力处在一种持续动态的变化过程中,领导班子凝聚力的形成和发挥要受到来自多方面的影响,任何一种因素的变动都会造成凝聚力程度的变化。此时的凝聚力强,并不代表彼时的凝聚力强;同样,此时的凝聚力弱,并不意味着今后的领导班子凝聚力就弱。凝聚力的形成借助于人与人之间的相互作用,某一个人的消极情绪会对组织其他成员在思想、行为上产生一定的影响作用。这就给凝聚力的动态变化埋下了伏笔。校长应时刻注意领导班子成员的细微变化,应时刻关心班子成员的状况,班子成员之间的人际关系。领导班子凝聚力的动态性特征要求校长要正确认识凝聚力的特征,从一些细微的问题着手,把影响凝聚力的个人因素(情感、生活、工作)以及班子成员之间的人际关系都加以考虑。

(二)长期性

领导班子凝聚力的形成是一个长期的过程,需要校长与党团干部之间、党政干部之间进行长期的经营和磨合。凝聚力的形成需要心理上的相互适应,需要行为上的相互默契。凝聚力所赖以维系的基础就是情感,组织内部情感的建立和共鸣并不是一朝一夕可以完成的。每个人都有自身的思维方式、行为习惯,领导班子同样也不例外。尤其是对一些新成立的领导班子而言,凝聚力的形成则需要更长的时间,领导班子成员之间需要有一个相互适应、相互了解的过程。领导班子凝聚力长期性的特点的另一个方面,是指它对组织内的成员以及组织自身的影响同样具有长期性的作用。领导班子的凝聚力一旦形成,对身在其中的个体的影响就会是全方面的，它会激发成员的潜能，转变人的思维模式、行动方式。当组织确立新的奋斗目标时，在群体的默契行为背后的这种凝聚力量会引导着组织中的群体进行相互的互补和配合，发挥个体最大的潜能，完成组织整体的目标。

(三)稳定性

领导班子凝聚力一旦形成，就会表现出一定的稳定性。凝聚力是一种潜在的无形力量，它对学校领导班子有一种指导和聚合作用。在一个群体组织中，组织成员之间的相互默契保障了组织运转的稳定性，群体之间形成的共同认可的价值观、向心力、行为方式是不会轻易发生变动的，它能够使群体成员之间的关系更加和睦，加深彼此之间的情感，这在客观上就给组织带来了一种稳定的氛围，群体成员生活在和谐的氛围之中。凝聚力的稳定性特征不仅表现在使组织中人与人之间的关系趋于稳定，人与人之间的交往常态化，更重要的是，凝聚力能够发挥维持组织稳定的作用。它通过增进组织内成员之间的联系和交往，通过个人之间建立起良好的友谊和感情，从而来维系和保持组织的稳定性和凝聚力。

(四)工具性

领导班子提升凝聚力是一种群体成员自觉的集体行为，它是组织成员之间的相互理解、支持、信任所产生的合力。无论凝聚力是领导集体主观为之，抑或群体成员之间达成的默契状态，凝聚力产生和聚合的最终目的是服务于组织的整体目标，都是为了服务于组织的良好运转。学校领导班子群体之间要实现良好的发展，就要建立起领导班子的凝聚力，领导班子所有成员向着同一个目标共同进退、荣辱与共。凝聚力的作用在于群体形成一种合力，完成组织交付的共同目标。凝聚力在组织目标的指引下凝聚自身的合力从而进一步促进组织目标的完成。

（五）整体性

凝聚力是一种互动的、目标一致的整体行为。个人是不存在凝聚力的，凝聚力是存在于一定的群体之中的，并且在这个群体中，只有两个人彼此之间存在价值认同、共同的目标追求、彼此良好的信任和情感关系是不够的。凝聚力是整个群体和组织的凝聚力，在组织中所有成员之间都具有相互信任、彼此支持、相互鼓励，向着共同的目标奋进的动力。缺少任何一个成员的凝聚力都不会形成，即使形成了彼此之间的认可和组织的凝聚力，也会受到各种限制与制约，最终导致凝聚力的瓦解。因此，领导班子的凝聚力从数量上看，不仅是全体成员的数字相加，同样也是全体成员的结构合力，彼此之间，他者与他者之间形成共同建构的价值观、行为方式，最终为了共同的目标而发挥的合力。

（六）层次性

领导班子的凝聚力是一种多层次的凝聚力。领导班子的凝聚力可分为三个层次，表现在领导班子个体层面、领导班子组织层面、学校组织层面（如图 7-1）。首先，在领导班子个体层面，班子成员个体之间表现出相互聚合的力量，它对个体的行为产生持久的影响。其次，在领导班子组织层面，对于领导班子这个团体而言，具有一种团体凝聚力，领导班子是学校的"司令部"，这一团体是学校整体凝聚力发挥的核心推动力量，它的凝聚力的强弱对领导班子甚至学校都会产生一定的影响。最后，学校领导班子的凝聚力是这一学校组织凝聚力的重要组成部分。在学校中，有领导班子凝聚力、教师群体凝聚力、学生群体凝聚力，任何一部分的凝聚力对学校的发展来说都是至关重要的。但是我们应该看到，领导班子凝聚力是一所学校的大脑，是学校运转的核心之所在。领导班子这三个层次的凝聚力发挥着三方面重要的作用。一是，它要使领导班子成员之间形成一种共同的合力和向心力，形成班子成员之间的和谐发展；二是，它作为学校的"大脑"，学校领导班子要为其他各群体进行示范作用，做到率先垂范，树立楷模，对其他群体的凝聚力进行引领和带动；三是，领导班子凝聚力的发挥的最终目的是要实现学校整个组织的良性有序地运转，让广大师生视学校为一个大家庭，带动教师群体凝聚力、学生群体凝聚力的形成和聚合，最终形成三股促进学校发展的内在力量，从而促进学校的和谐发展。

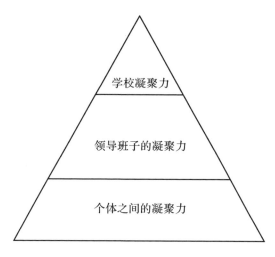

图 7-1　领导班子凝聚力的层次

二、领导班子凝聚力的影响因素

领导班子凝聚力服务于组织，凝聚力的目的在于使组织能够良好运转。领导班子凝聚力同样也会受到来自领导班子内外部各种因素的影响和制约。领导班子凝聚力的影响因素主要表现在以下几个方面。

(一)共同的愿景和目标

对于一个组织而言，共同的愿景和目标等同于群体的努力方向和向心力所在，是一个组织发展的灵魂。共同的奋斗目标具有引导、凝聚、激励等诸多功能，能够发挥引导方向、凝聚人心、砥砺前行的作用。如果一个群体缺少经过大家认可的共同为之奋斗的目标，在群体中的成员就好比"无头的苍蝇"到处乱撞。共同的愿景和目标是形成领导班子凝聚力的基础，领导班子凝聚力的形成要以共同的目标为前提。群体成员共同的愿景和目标是组织中的个人和群体共同追求的目标，它代表了一种集体意志和倾向。建立组织共同的目标和愿景应注意协调好个人成员与组织集体目标的契合程度，如果领导班子中的个人并没有与群体目标之间达成一致的看法，就会造成各自另有所谋、"身在曹营心在汉"的局面，群体的离心倾向就会加剧。那么就会影响群体凝聚力的效果。学校的愿景和目标应为广大教职工所自觉认同，因此，在确立共同的愿景和目标的过程中，应注重领导班子个人目标与集体目标的相关程度，群体是由每个个体组合而成的，群体的凝聚力量来自于每个个体的真情付出，共同目标和愿景的建立应在充分考虑每个个体诉求的情况下，实现每一分力量的充分聚合，最终形成领导班子的凝聚力。

(二)领导班子成员结构

领导班子是一个群体，在这一群体中，每个个体之间都存在着一定的差异性。领导班子的年龄结构、性别结构、知识结构、能力结构、性格结构都会对凝聚力产生一定的影响。在年龄结构上，存在着老、中、青的差异，在一个领导班子中，只有在这三个群体之间合理搭配，才能更好地增强凝聚力的效果。假若在一个群体中，年龄结构不合理，资格较老的成员过多，在领导班子内部会缺乏一定活力，缺乏变革的勇气，容易安于现状；假如一个领导班子内部中年人过多，他们在一个领导班子集体已经存在很长的时间，那么他们会过于安于现状，不主动寻求变革，对领导班子凝聚力的维护产生无视的态度；假如一个班子中年轻人居多，他们的工作积极性高，彼此之间较容易达成共识，但在组织发展到一定程度的时候，当组织面临困难时，由于他们经验不丰富，无法维护本已形成的凝聚力的稳固状态。合理的领导班子的年龄结构梯队，可以使年老的班子成员向中年领导班子成员传授丰富的教育教学经验和学校管理经验，搞好"传帮带"，在这样的合作关系中增进彼此的感情，形成集体的合力和凝聚力。通过中年领导班子成员的运筹帷幄，维护凝聚力的稳定状态；通过老年班子成员的丰富经验，帮助组织渡过难关，进一步维持组织健康、稳定的发展。

（三）领导方式

"美国社会心理学家李克特提出了四种领导方式理论，即剥削集权领导方式、仁慈集权领导方式、协商民主领导方式、参与民主领导方式理论。"[①]对于领导班子而言，同样也存在领导方式的问题。一个领导班子内部，书记或校长是这个领导班子的领导者和决策者。领导者个人的领导风格会对领导班子的整体氛围产生影响。剥削集权的领导方式的领导者采取的恐吓和威胁，对团队成员有一种强制的约束

---

① 俞文钊．领导心理学导论[M]．北京：人民教育出版社，1993：257-258.

力，会给组织成员带来莫名的压力，畏首畏尾，不能够真实地表达自己的意见和看法。成员之间的关系是趋于紧张的，容易产生相互抵触的情绪，不利于班子内部的团结。协商民主领导方式与参与民主领导方式的领导者采取的是沟通、交流、理解和信任的方式，在他们之间是一种彼此相互支持、民主和谐、公平公开的团队氛围，领导班子成员之间较容易形成彼此的认同和共同的努力行为，领导者与领导班子之间是一种和谐共处、"你中有我、我中有你"的融合状态，这样有利于团体和组织的团结以及凝聚力的形成。

可见，领导者采取何种领导方式直接影响着领导班子成员的心理以及所采取的应对方式。领导者采取剥削式的强压领导方式，那么领导班子的凝聚力就会比较弱，如果采取民主、协商的领导方式，那么就会较容易与其他班子成员融为一体，提高领导班子成员的工作积极性，提升领导班子的凝聚力。

(四)规章制度和运行机制

制度是对行为进行有序化、规范化的约束，在领导班子内部，需要有一套严格的制度来规范领导班子成员的行为，明确各自的职责权限。规章制度的作用在于，在领导班子成员之间进行议事、决策等活动中能够照章办事，消除人浮于事的局面，减少领导班子成员以个人意志为主的决策行为，能够明确领导班子成员各自的职责权限，在有限的范围内实行自己的权力和尽到自己的职责。一个良好的制度规范能够规避很多不利于组织凝聚力的行为。例如，决策活动的"一言堂"，领导班子选举的人为因素等。制度健全与否是影响领导班子凝聚力的重要因素之一，制度的不健全容易使主观人为因素的随意性扩大，造成学校内部运行的规范性降低，当涉及一些利益问题时，由于缺乏相应的制度规范，组织运行不能够照章办事，而是把领导个人的意志最大化，从而降低组织成员之间的信任度以及组织成员的满意度。

另外，领导班子内部的运行机制同样也会对凝聚力产生一定的影响。领导班子的管理机制、晋升机制、协商机制、反馈机制直接影响凝聚力的程度。如果领导班子成员被一个民主型、放权型、开明型的领导所管理，那么每个班子成员的积极性就会提高，进而会提升身在组织中的幸福感和满意度，凝聚力自然就比较强；而当班子成员遇到一个不明事理、强权型的领导，不允许有不同的意见和声音，班子成员生活在一个相对压抑的空间之中，那么这样的组织氛围下就不会有凝聚力的产生，而是与之相反的离散力的产生。

（五）班子成员之间的人际关系

凝聚力的产生在很大程度上取决于班子成员之间和谐的人际关系。凝聚力是个体之间相互认可、相互补充、相互吸引的内在驱动力。所谓人际关系，是指人们在社会活动过程中所形成的建立在情感基础上的相互联系。[①] 维系凝聚力的一大因素就是情感。可以说，人际关系与领导班子凝聚力之间是一种正相关的关系，人际关系融洽的领导班子，其凝聚力就强；人际关系恶劣的领导班子，其凝聚力就相对较弱。凝聚力的产生或凝聚与组织中的每个个体紧密相关，并由组织中个体之间的人际关系所决定。班子成员如果感受不到集体的"温暖"，感受不到"家"的感觉，那他就不会有奉献的精神。和谐、融洽的人际关系能够为领导班子建立相互理解、相互尊重、相互信任的组

---

① 姚利民，王钰，贺光明．试析影响高校凝聚力的因素[J]．湖南大学学报（社会科学版），2010(4)：109-113.

织环境，增强领导班子的集体情感。在领导班子内部，应注意校长与书记之间的人际关系，校长与书记之间没有级别的区分，只有职责权限的区分。校长与书记之间的关系直接关系到整个领导班子的团结和凝聚力的强弱。二者之间如果缺乏信任，互相插手对方的事务，那么只会造成集体凝聚力的恶化。校长与书记之间应做到"三分三合"：即职责上分，思想上合；工作上分，目标上合；制度上分，关系上合，才能建立起良好的领导班子人际关系，促进整体的团结和凝聚力的增强。

 **案例分享**

构建高效、形成合力的领导团队

桑德拉·布莱斯维特是美国某市中心的学校校长，该校从一年级到十二年级，有将近11000个学生。布莱斯维特是一个非常负责任、有远见的动力—自信型领导。近期学校董事会委任她负责学校的改革工作，为学校注入新的活力。改革的重点是提高学生的阅读和数学能力、测验分数，以及实现她的改革目标。她的目标是通过社会和文化的途径发展，培养人们之间的人际关系，构建一个学习型的社区。

在一个职工大会上，布莱斯维特解释说："建设一个学习社区，相当于建设一个以共享学习为目的的委员会。"要想提高学生的成绩，必须依托于某一个有力的领导团队。认识到这一点后，布莱斯维特将主要的改革委员会委托给校长助理，而不像该地区以前的一些试验，都是依赖于一些管理能力强但效能不高的教育领导人。了解这个历史后，布莱斯维特意识到，领导实践中浮现的趋势应突出几个要点：

(1)对教师和领导加强"管理教学和辅导"方面的培训，开办系列培训课程；(2)感受职业专业化的提高和个人继续教育的过程；(3)培训其在实践中的观察和反思能力；(4)提升员工素质，对课程和学校体系改革实行一体化的管理；(5)给教育者、家长和学生提供帮助。总体上，她需要信赖学校管理的领导们，必须要和他们进行团结，民主地为共同的目标而合作共事。

布莱斯维特对学校的教学改革资料和情况非常熟悉，同样，她也很精通各种天赋领导风格理论。她从本地区的领导中物色一位能力突出的领导担任骨干，并赋予他领导的权力；同时在过渡期间，她聘请了一位临时校长。目前，已经有20多位领导进入了候选人的名单，这些人个个成绩显赫，都是卓越的学校领导者。

布莱斯维特根据学校的需要，鉴别和挑选了各种能力的领导。她制作了一个表格，用以分析每个学校的情况，并列举出三个最重要的需要加强的发展领域。例如，学校课程体系健全，教学资源、材料丰富，教师个人能力强，但缺少一位能将教师们凝聚成一个以该领导为主的学校小组的领导。接着，她列举了学校的合适的领导人，包括这些人的强项。经过布莱斯维特的分析，学校需要一个自信型的、具有很强的震撼力、能将其他人凝聚成一个集体的领导，或者说，最终的是这个候选人必须能保持坚定立场并且具有做出果断决定的勇气。

就本地的领导团队而言，布莱斯维特设定了每个职位的目的和目标，并将领导风格和职位需求结合起来综合考虑。比如，她对团队的一些成员提出了一些要求：他们必须是教学领导的专家。如果她觉得学校需要关系支持的形成以及和教师们拉近距离，为确保能将目标转化为现实，布莱斯维特就会寻找一位适应进取性的人，因为他们是一些能坚决执行方针并能秉持不同意见的领导，这些领导将给学校带来巨大的成就。

布莱斯维特知道，她需要的是领导，而不是跟随者。她要授权给她的领导团队，这样，她的领导班子才能授权给别人。她的主要任务是营造一个学习的团队，在这里，所有领导的能力都被认可、确定、肯定。毕竟，高效的领导阶层依赖于那些为了一个目标而在一起工作的、具有不同能力的不同个体。

案例点评与反思：

管理心理学中最令人忌讳的就是领导者的"武大郎心理"，生怕别人超过自己，压低自己，因而产生嫉贤妒能的心理。因此，校长应该树立"任人唯贤"的观点，注意团结并使用好能力出众的人。否则，对才学高的人疏而远之，失去的不是一个两个人的问题，而是失去了团队的信任，失去了实现学校目标的强势同盟。

案例中的布莱斯维特校长无疑是一位极具远见又非常负责的校长。她自身不仅掌握各种领导风格理论，还懂得知人善任，摆正自己的位置，合理地搭配领导班子，结合学校发展的需要组建不同能力素质的领导班子成员。可见，真正办好一所学校不仅需要校长自身掌握各种专业知识，更重要的是校长要善于组建合理的领导班子，并通过合理的领导方式，使领导班子之间形成良好的人际关系，从而提升领导班子自身的凝聚力。

学校领导班子的核心是校长，关键在整体。在案例中，布莱斯维特准确地给自己定位，充分地放权意味着对领导集体的信任，而信任是领导班子凝聚力的根本。一个团结协作、彼此尊重、相互信任、相互支持、情谊深厚的领导团队，必定是一个思想融洽、情绪稳定、工作配合、具有凝聚力的领导集体。这样的领导集体不仅在领导层内部具有较强的凝聚力，而且也是形成学校凝聚力的一个根本因素。

因此，学校领导班子要思想统一，目标一致，团结协作，职责分明，合理分工。校长要知人善任，了解每个领导班子成员的个体能力特征，合理的搭配班子成员，建立起彼此之间的互信、互爱机制，学校领导班子的团结和谐将为创建和谐校园起到重要的示范和导向作用。

资料来源：赵国忠. 外国优秀校长最有效的建议[M]. 南京：南京大学出版社，2009：106-108.

第三节 如何提升领导班子凝聚力

领导班子凝聚力的形成与提升是一个系统的工程，并非朝夕之功，它需要领导班子成员集体努力才能最终形成。学校效能的发挥有赖于学校领导班子的引领，学校领导班子能够正确引领学校的发展在于领导班子凝聚力的强弱，领导班子凝聚力的建设不仅需要班子成员自身素质的提升，同样需要进行班子组织制度建设，达到人与制度之间的合理配合，才能有效地提升领导班子凝聚力，提升学校效能。

一、提升领导班子成员素质

领导班子成员自身的素质是决定凝聚力程度强弱的人为因素。领导班子成员只有从自身做起，不断增强自我完善的意识，不断提升自我完善的能力，才能够有效地提高领导班子的集体凝聚力。领导班子成员思想觉悟高、理论素养深，彼此之间就能够较容易地达成共识，产生共鸣。反之，领导班子之间相互拆台，推卸责任，班子成员之间的思想觉悟和理论素养存在较大的差异，那么彼此之间就很难形成有效的合作，不利于凝聚力的形成。在学校领导班子中，校长、副校长、书记、副书记、教导主任在个人知识储备、能力水平上都存在差异性，他们之间的素质并不是完全一致的。保持凝聚力的持久生命力需要领导班子从自身做起，为广大教师、学生树立模范作用。领导班子率先垂范，在思想觉悟上，应该秉承相互尊重、互相学习的理念，树立积极合作、接受批评和质疑的态度，保持领导班子的民主氛围；与此同时，领导班子成员也要具备相应的专业知识，领导班子成员应掌握教育学、管理学、心理学等方面的专业知识，熟知教育教学规律，学校领导班子要对国家的大政方针、教育政策有一定的了解，做一个专业的领导集体。领导班子成员需要从自身的政治素养以及业务素养两个方面不断提升和完善自己。

（一）定期进行政治理论的学习

学校领导班子是一个学校的灵魂，学校领导班子要通过不断学习党的路线、方针和政策来提升自身的政治理论素养，转变工作作风，发扬民主。加强党性修养，达成思想认识的一致性。进行政治理论的学习就在于在领导班子中形成团结一致的气氛，民主开明的氛围，不断进行批评与自我批评，形成自我监督的良好氛围是保障领导班子凝聚力的基石。学校系统是社会系统中的子系统，国家未来的发展规划同样也牵动着学校的未来发展。领导班子进行政治理论学习能够促进其时刻保持与时俱进的头脑，并时刻保持较高的思想觉悟，保持优良的作风，真心诚意地为组织成员着想，促进领导班子和谐氛围的形成。

（二）进行专业理论的学习

现代学校管理所要求的领导班子的知识结构不再仅限于某门学科

的专业知识，领导班子成员也应该具备教育科学、心理科学、管理科学方面的综合化知识，它是领导干部能力形成、发展和提高的前提和基础。领导班子成员需要掌握多门学科的专业知识，做一个专业化的领导班子集体，使得领导班子成员真正成为学校教学的领导者、课程建设的改革者，做一个研究型领导者，凝聚领导班子整体的学习氛围，建立学习型领导班子。

二、明确职责权限，合理分工协作

领导班子成员的角色身份不同，所承担的任务和工作也不尽相同。有效凝聚力的形成需要领导班子成员各司其职、各谋其政、通力合作、形成合力，完成各自的任务以及领导班子的目标。

一方面，明确领导班子成员各自的岗位职责。领导班子成员应被安置在合理的岗位上，做到权责相符。使各班子成员找准自身的位置，严格按照规章办事，各司其职、各尽其能，防止权责不清，权责混乱的情况发生。使领导班子成员的行为具有较强的明确性，促进领导班子成员行为的一致性。一个优秀的校长，应做到知人善任，而并不是事必躬亲，应把合适的工作交由适合的人来做。校长不能随意插手干预，越俎代庖。这一方面会影响事务的推进进程，不利于工作的开展，更重要的是，会打消成员工作的积极性和自信心，扰乱正常的运行秩序。明智的校长应是掌握全盘，合理的沟通和协调。做到领导班子之间的合理分工，各司其职才能使成员在自己擅长的职位上发挥自身的最大效用，从而提升自身工作的积极性，提高对领导班子的认同感，从而增强领导班子的凝聚力。

另一方面，在明确岗位职责权限的同时，领导班子也应该注重彼此之间的合作和协调。领导班子成员都有自己明确的职责和任务，但每个成员并不是孤立的个体，凝聚力的形成是要形成几股力量融合的合力，领导班子个人的能力始终是有限的，这就需要彼此之间的通力合作，能够使领导班子的力量得到最大化的发挥，同样也会激发个人潜在的能力。领导班子成员之间应该明确各自之间的关系并不是上下级的关系，而是处在平等的层次上，校长或书记的权力来源于职位而非个人。"在学校领导班子中，各成员所负的责任虽不同，但他们的地位是平等的。作为校长在班子中承担主要责任，并不意味着他有居于其他成员之上的特殊权力。"①因此，有效的领导班子凝聚力需要成员之间的相互沟通和合作，全体通力合作，形成整体的力量，形成彼此之间的默契与和谐，达成彼此之间的"共情"，保证领导班子凝聚力的持久性。

三、合理搭配领导班子结构，促进领导班子凝聚力的聚合

学校领导班子效能的发挥，绝不仅仅取决于个人素质，而是整体结构的合理搭配。领导班子结构合理，就会产生大于部分之和的效应；领导班子不合理，那么只会加速领导班子的内耗，离心力增强，凝聚力消散。"学校领导班子成员间的关系，不是无缘无故产生的，而是由领导班子所承担的组织职能所确定的。正是这种组织职能的客观需求，才能把不同知识结构、专业结构、年龄、性格、气质的领导者组合在一起，形成一个相互依存、互为作用的领导集体。"②

在班子配备中，要注意优化班子结构。领导班子结构包括班子成

---

① 李彩霞. 学校领导班子中各种关系的处理[J]. 宁夏教育, 2001(3): 22.
② 李彩霞. 学校领导班子中各种关系的处理[J]. 宁夏教育, 2001(3): 21.

员的年龄、性别、专业知识结构、能力水平、性格特点等方面。领导班子内部应是老、中、青三代的有机结合，而不能只偏重于某一个年龄阶段。不同年龄阶段的领导班子成员在工作经验、知识储备、性格特征、身体状况等方面都有着不同的优势和劣势。领导班子成员年龄老化，在具体工作上考虑问题周全，但往往会延误时机，并且容易错过发展的最佳时期；中年人经验丰富、思维敏捷，具有敏锐的判断力和决断力，但常常要面临来自家庭和事业双方面的压力，需要额外的关心；青年人则朝气十足，接受新鲜事物的速度较快，工作积极性较高，但在具体问题的考虑上仍会遇到考虑不周的状况，缺乏一定的工作经验和磨砺。因此，在组建学校领导班子时，要避免年龄结构的单一性，应是三个年龄阶段的有机结合。在具体的工作中，年老者应多动嘴，指出班子以及学校发展中出现的问题；中年领导班子成员应多动脑，找出解决年老者提出问题的对策，并对班子发展以及学校发展谋划未来；年轻者应该多动腿，为组织和群体的发展做出贡献。只有三者合理地搭配和协调，在工作中做到各司其职，各谋其政，做好自身的工作，才能使领导班子的凝聚力更加稳固。

中小学学科科目涵盖范围广泛，学校管理工作复杂。领导班子成员某个人很难全部掌握所有学科门类知识以及学校管理工作。班子成员必定术业有专攻。因此，这就需要领导班子成员之间在知识结构上的合理搭配。在班子成员中，既要有熟悉自然科学（数、理、化）方面专业知识的人员，也需要有社会科学（文、史等）相应专业知识的人员，领导班子中同样需要精通学校管理的人才。如果学校领导班子成员能在知识结构与专业特长上进行科学合理的优化组合，便能有效地形成学校领导层的管理权威，在内行式的学校领导班子内部，班子成员之间能够根据自己的专业特长表达一些意见和看法，从而形成专业化的发展氛围，更加有利于领导班子成员之间的交流与沟通，进一步提升领导班子的凝聚力。

四、建立健全各种规章制度和行为准则

规章制度对组织成员的行为起到约束的作用，同时也为领导班子成员的行为提供一种规范。校长或书记的决策、行为并不是主观臆断的，而是需要经过集体的协商，经过民主集中式的讨论所共同商定的。一个真正具有凝聚力的学校领导班子不能把人的作用无限放大，而更应强调制度规范的重要性，领导班子成员无论其职位高低、职责如何，都应该按照群体成员所共同认可的规章制度照章办事，而不能随心所欲，依靠领导个人的主观意愿办事。科学、民主、规范的领导体制和决策机制是提高领导班子凝聚力的保证，通过制度的约束，可以有效地减少班子成员之间在一些利益纷争的摩擦，出现了问题，按照规定的制度进行解决。

首先，要建立严格的议事和决策机制。对事关领导班子建设以及学校发展的重大问题，应充分听取领导班子成员的意见，经过集体共同协商和研究决定，避免决策的草率行为，克服独断专行和各行其是。其次，建立良好的沟通机制，坚持和健全民主生活会制度，增强班子成员在思想、工作、生活、情感上的交流与沟通，允许不同声音的表达，营造成员之间和谐的集体氛围。最后，建立健全领导班子成员的监督考评机制。使领导班子成员置于群众的监督之下，使领导班子生活在民主、公开、公平的氛围之中，校长及其他领导班子成员的权力和履行的责任得到很好的监督，那么在组织之中就会产生积极向

上的、乐于为群体做出贡献的氛围，从而增强领导班子的凝聚力。

五、建立共同的目标

一个团队需要有一个明晰的目标，对于领导班子而言同样如此。

首先，共同的目标能使群体成员有更加明确的方向，能够更加有效地实现领导班子的凝聚力。共同的奋斗目标是领导班子群体凝聚力实现的基础，校长应善于确立领导班子近期、中期、远期的发展方向和目标，使得群体成员都能够向一个明确的方向进发，共同进退。在领导班子中，由于每个人的思维方式、做事风格、能力水平存在着差异，校长在确立共同的目标时应求同存异，倾听每一位成员的意见和声音，以民主集中制为原则，确立领导班子的发展目标。领导班子群体中若不能达成对某一问题的统一看法，校长和党委书记自说自话，那将不会促成凝聚力的实现，反而会削弱领导班子整体的凝聚力，不利于领导班子团队整体效能的发挥。建立共同的目标，并不仅仅意味着为领导班子群体建立共同遵循的原则和目标，在建立领导班子群体共同的愿景的同时，往往也夹杂着对学校组织发展的共同愿景和目标。建立领导班子共同的愿景和目标的目的不仅是真正地确立学校的发展规划、未来走向，而且最终要形成领导班子成员的集体意识。为此，校长应让每个领导班子成员心中都有一个明确的指向，发挥共同的愿景和目标的引领作用。

其次，目标应具有一定的可接受性。目标在确立中应该充分兼顾组织中个体的诉求，使得领导班子群体的目标要符合个人的诉求，不能简单地为了追求集体而忽视个人的利益诉求。当然，目标的可接受性并不是指满足所有成员的所有诉求，确立共同目标的过程就是一个达成一致的过程，只有在最大限度上满足大多数成员的诉求，这样的目标的可接受性才强，才更能够有利于领导班子凝聚力的产生和提升。

最后，也要注意目标的可行性。即要根据领导班子成员的特点，合理地制订组织的目标，保证组织目标通过努力是可以实现的，而并非能力之所不能及的，否则会削弱群体成员共同奋斗的积极性和自信心。共同目标也要受到学校自身状况的影响，学校领导班子应量力而行，制订的目标不宜过高，也不宜过低。目标太高会挫伤学校领导班子乃至全体成员的积极性，使领导班子对自身的能力产生怀疑，进一步导致学校成员对领导班子的质疑。目标太低会使学校领导班子好大喜功、安于现状，不能及时发现学校存在的问题，使学校的竞争力降低。

 大家谈

怎样选好班子

1996 年 9 月，李安国同志走马上任，担任灈港一中校长，随后自然少不了同事的"毛遂自荐"，少不了弟子的"尊敬师长"，也少不了远亲的"攀龙附凤"，无非是想得到李校长的赏识和重用。七年过去了，学校行政人员进进出出、上上下下，已近 30 人，但是，其中竟然没有一个是李校长的学生，也没有一人是李校长的亲属。这其中拒了多少红包、绝了多少人情，已不得而知。谈起这一点，李校长理直气壮，颇为自豪："学校的领导中，没有一个跟我沾亲带故，对他们我没有亲疏之分，分工办事自然能客观公正。"为了保证领导队伍具有较高的政治和业务素质，具有较强的组织和管理能力，李校长注重在选拔上把好关，在培养上花力气。选拔领导严格遵循既定五项程序，即"个人申请、群众推荐、领导考核、上报审批、选拔任用"。2001 年 8 月，两位在濯港一中工作仅三年的青年教师，由于师德优良、能力出色，被群众推选到学校领导班子里，并委以重任，深受群众好评。培养领导，最为有效的一点，是每个学期坚持对全体领导实行民主评议，民主评议结果由教代会向全体教职工公开，并决定各人校内结构工资的 60%，把领导经常至于群众的监督之下，使他们忠于职守，履行职责。

以学生为本，尊重学生的个性品质，尊重学生的发展需要，注重学生的全面发展；以教师为本，努力挖掘教师的榜样力量，充分发挥教师的能动作用，积极创建名师工程。李安国同志在濯港一中开创性地实施了学生值周制度，增强学生主人翁意识，倡导学生"六个学会"。学生和教师的角色发生了根本性的转变，人人既是被管理者，也是管理者，大大培养了学生的创新精神和实践能力。

问题：在领导班子的组建上，校长应该任人唯贤，还是任人唯亲？校长应该如何做到任人唯贤？

资料来源：赵国忠. 校长最关键的管理智慧[M]. 南京：江苏人民出版社，2009：60

ⓘ 在线学习资源

中国教育先锋网校长频道　http://www.ep-china.net/president/

补充读物

1. 褚宏启，杨海燕．走向校长专业化［M］．上海：上海教育出版社，2009.

2. 褚宏启．校长管理智慧［M］．北京：教育科学出版社，2011.

3. 肖川．办好学校的策略［M］．南京：南京师范大学出版社，2007.

第八章　实施民主管理

 专业标准

　　尊重和支持教职工代表大会参与学校管理的民主权利，定期向教职工代表大会报告工作，实行校务会议等管理制度。

 标准解读

　　实施学校民主管理，首先，要树立以人为本、依法治校、制度建设的基本前提；其次，树立学校民主管理的氛围、拓宽民主管理的渠道、建立保障师生、家长参与民主管理的各种制度，并进行反馈机制建设；最后，在实施民主管理的过程中，要注意实质民主与形式民主、民主决策科学化与科学决策民主化的问题。最终使学生、教师、家长真正地参与学校管理，保证学校民主管理落到实处。

学校诊断

高老师在某县一中任教长达 25 年，先后获市先进教师、特级教师等称号。1997 年 7 月，因他对学校乱收费不满，向有关部门提意见，如实反映了学校存在的问题，学校领导一气之下将其解聘。一天，校长项某突然对他说："因工作需要，学校决定不用你，这事我跟县教委说过几次了，你去教委吧！"高老师问项某为什么要解聘他，项某不耐烦地说："没啥说的。"当天，高老师到县教委，县教委说："一中是校长负责制，不用你，我们也没办法。"接着，高老师带着材料到有关部门申诉。县委组成调查组展开调查。后来，调查组形成初步意见：高老师仍回一中上班，但必须"对过去有一个认识，对将来的工作有一个态度"。其后，一个由县纪委、县教委和该中学中层以上干部及高老师参加的特殊会议在一中举行。会议结束两天后，高老师回到一中找副校长说："我来要工作了。"副校长没有给他安排工作，对他说："项校长说你没有向他做检讨。"

上述案例中校长报复提意见的教师，侵犯了教师的什么权利？一中实行校长负责制，就是"校长一人说了算"吗？校长解聘高老师是否符合法律规定？在当时的情况下，教师的权利为什么得不到有效的维护？现在又有了什么不同？在新的历史条件下应通过什么措施和形式保障教职工参与民主管理？

学校教育教学工作的有序进行，必须依靠民主管理。学校民主管理不仅需要学校领导成员具有强烈的民主意识，彰显以人为本的学校民主管理氛围，为民主管理提供和谐的外部环境，同样需要通过制度建设来确保学校教职工群体、学生群体民主行为的有效实施。可以说，民主管理不仅是学校管理工作的前提，更是学校管理工作的最终目的。通过实施学校民主管理，使得学校内部教师与学生能够获得属于自身的权利。

第一节　实施民主管理的前提

民主管理应以什么为基础？如何能够更好地实施民主管理？这是实施民主管理之前所必须思考的问题。学校管理工作涉及人、事、物等方方面面，实施民主管理应遵循一些基本前提，以这些前提为出发点，一方面能够使我们更加全面地认识民主管理，另一方面也帮助我们更好地开展民主管理工作。

一、树立以人为本的思想

学校管理涉及人、财、物等各个方面，但最为重要的是生存在学校中的人（教师和学生），学校民主管理的核心就是尊重人、关心人，促进人的发展。只有始终把学校中的人（教师与学生）的利益放在第一位，通过发挥人的价值、发掘人的潜能、发展人的个性，才能促进民主管理的实施。学校中存在着两个群体，一个是教职工群体，另一个是学生群体。就教职工群体而言，民主管理就是充分尊重、关心教师，使教师享受参与学校管理的权利，增强教师的主体意识和主动性，增强教师的事业心和责任感；对学生来说，就是充分体现学生的主人翁意识，一切为了学生，为了学生的一切，为了一切的学生，树立学生全面发展的观念，不断完善学校相关的课程教学以及学校管理制度。人是管理的核心，学校民主管理的实质就是充分尊重人，充分发挥人的主观能动性。从这个意义上讲，民主管理就是以人为本的管理，从每个人的根本利益出发，给予充分的尊重，并以制度形式保障以人为本的民主管理的实施。在一所学校中，校长要首先树立民主意识，树立以人为本的理念，在做出重大的决议时，要充分考虑学校师生的意见和建议，使每一个人的合理需要都能够得到满足，使学校发展获得充分的人力支持。

二、以依法治校为前提

民主管理的实施不仅要树立以人为本的理念，从尊重每个人的需求出发。重要的是，民主管理的实施，并不能仅仅依靠校长的以人为本的观念和民主的意识。若要真正使得民主管理落到实处，单纯依靠以人为本的理念和观念是无法真正保证学校民主管理的实施。更重要的是，民主管理与法律有着本质的联系，依法治校是民主管理的必然要求。只有建立在法律基础之上的民主才是真正的民主。依法治校保障了学校治校的规范性，为民主管理提供了外部保障。学校领导应该把民主管理提高到依法治校的高度上来认识，学校教职工和学生是学校的主人，具有民主管理的权利，他们期望通过民主管理享有知情权，了解学校改革面临的机遇和遇到的挑战，参与学校的决策和管理。校长应该充分了解国家的法律法规、教育方针与政策。学校实施民主管理应该在不违背国家大政方针的基础上进行。一个不了解国家相关法律法规以及教育方针政策的校长不是合格的校长。

三、以制度建设为前提

制度建设是学校民主管理的前提与保障。在宏观层面上，学校的发展与管理应该遵循国家的法律法规，进行依法治校。在民主管理的具体实施层面，学校应该时刻树立民主管理的法制观念，在学校实施民主管理的整体布局上，不仅要通过章程的建设明晰学校民主管理在学校管理和发展中的地位和作用，制定学校发展规划。同时应加强具体的制度建设，通过建立规章制度来确保民主管理工作的开展和实施，而不会使民主管理成为一句空的口号。没有抽象的民主管理，任何民主管理的最终落脚点都是在制度建设上，学校实施民主管理的抓手在于制度建设，通过制度的形式把学校民主管理规范化，使学校的各项事务能够有章可循，教职工与学生在实施民主管理行为时能够遵循规范的行为准则，合理地表达自己的意愿，行使自己的权利。通过学校的制度建设才能保证民主管理的可操作性。

第二节 如何实施民主管理

学校民主管理是一项系统的工程，学校民主管理同样要受到来自学校内外部的影响。学校不仅需要拥有良好的民主管理氛围，同样需要进行制度的建设与不断地完善，保障教职工与学生参与民主管理的权利。

一、进行民主校风建设，营造民主管理的氛围

理念决定人的行为方向，学校的校长在进行民主管理时，首先应该树立的就是以人为本的理念、民主的意识。校长首先要对民主管理有一个准确的理解和清晰的定位。一个好校长等于一所好学校，同样一个具有民主意识，一所具有民主校风的学校，才能更好地实施民主管理。校长是学校的组织者和领导者，民主的校风要靠他们去倡导。校长是坚持依法治校、按制度办事，还是搞领导专制、个人说了算，

在很大程度上决定了一个学校校风的取向。学校领导具有民主意识，注重调动学校每个成员的积极性，形成民主的领导风格，会在很大程度上增强学校的民主氛围。同样，学校民主校风的形成，需要教师具有民主的教风，师生是在一个平等的、相互尊重的基础上进行着教学与学习活动的。教师不是知识的权威，教师与学生是知识的分享者，教师在教学中鼓励学生不同意见的阐述和表达，班级能够形成良好的学习氛围，师生之间具有良好的互动关系。那么学校的民主校风就会更加深入人心。

一个学校是否具有民主的校风，体现在学校的细微之处。例如，校长或教师在校园中对学生的随机问话，学生的神态就会反映学校的民主氛围。如果该生从容应对，礼貌而不胆怯，谈吐自如、神态平和，那么就能够反映学校民主性的一面。如果学生在回答问题时，神色拘谨、慌张忙乱，那就无法表现学校师生员工之间民主、自由、平等、融洽的一面。只有具有浓郁民主传统的学校，才有利于培养出人格健全的学生个体，才能够使生存在学校中的教职工成为自主的个体，能够充分感受到学校的民主氛围，表达自己对学校发展的观点和看法。学校成员能够生存在一个开放、民主的空间之中，便会勇于表达自己参与学校的想法，善于表达自己对学校发展中存在问题的不同观点。一方面有助于学校民主校风的形成，另一方面也促进学校民主管理工作的顺利开展。

二、建立健全师生参与民主管理的制度

（一）建立和完善教职工代表大会制度

教职工代表大会制度（以下简称教代会）是学校民主管理的基本形

式，是教师参与学校重大决策、监督学校行政领导行为、维护教职工
合法权益的重要方式。教职工代表大会制度的议题应包括：①民主选
举校长、工会委员会委员；②听取审议学校的工作报告、办学方向、
发展思路；③审议通过学校中长期发展规划、学校内部课程与教学改
革方案、教工队伍建设等重大决策；④审议通过与教职工权益密切相
关的各项规章制度、福利待遇，审议通过涉及教工切身利益的重大问
题的决定；⑤对学校财务使用状况进行审议；⑥民主评议和监督学校
领导干部。学校领导应定期召开教职工代表大会，研究和决定学校发
展以及涉及教职工切身利益的重大事务，坚持从群众中来、到群众中
去的原则，听取广大教职工的意见和建议，教职工要充分发挥其参与
学校民主管理的权利，学校的相关重要事项都应该严格按照有关程序
经由教代会审议通过，加强教代会的规章制度建设，明确教代会的职
责与权限，同时理顺教代会、工会与学校党政之间的关系，充分发挥
学校党委对工会的领导作用，确保工会获得行政上的支持，确保教职
工能够真正参与到学校的民主管理之中，并对学校各级人员进行有效
的监督。

（二）鼓励学生建立自治组织的制度

学生是学校管理中的重要一环，在一定程度上，学校的所有工作
都是围绕着学生而展开，学生是学校工作的中心。因此，学生也是参
与民主管理的能动的群体之一。现代中小学生，尤其是高中生，比以
往任何时刻都更具有民主和参与民主管理的意识。"鼓励学生建立自
治组织，不仅是维护、保障和实现学生的民主权利的需要，也是培养
学生自主参与学校和社会事务能力的必要渠道。具有参与学校管理事
务经验的受教育者就有机会发展他们参与的技能、态度和自信，增强

他们参与社会事务的能力。"①学生可以成立自主管理委员会(以下简称学生自管委),设立和修订学生自主管理委员会的章程,选举委员会的成员,确定委员会的职责。学生自管委不同于学生会,学生会是学校为学生有组织地参与学校事务的一种正式组织形式,这种形式虽能保证学生的参与,但不能保证民主的参与。学生自管委是学生自主成立的非正式组织,它的主要作用是让学生自主管理,并通过一定的组织规章制度反映所热切关注的学校问题,学生在进行自我管理的同时,也行使了自身民主管理的权利。

三、校务公开制度

校务公开制度是教职工对学校事务的知情权、参与权,并积极为学校发展出谋划策,发挥自身聪明才智的重要制度保障。学校实施民主管理,首先要保证相关校务信息内容的公开化、透明化。这其中包括涉及教职工切身利益的相关工作。校务公开的内容应该包括凡是学校的改革发展教育教学相关的重大问题,以及涉及教职工切身利益的事项,例如优秀教学标兵、职称评定、人事晋升等方面。其次,保证学校相关事务运行环境的透明化。学校管理事务的非透明化、非公开化会造成教职员工的惰性心理,造成"领导说了算、我们看一看"的消极局面,学校教职员工就会缺少对学校事务的参与积极性。最后,需要注意的问题是,校务公开涉及校内与校外的事务公开问题,并不是学校全部的校务信息都要公布,在涉及学校未来的发展规划、学校章程、办学成果、办学效益、学校招生计划、学校规模、收费标准、学

① 韩保来.学校民主管理制度研究[M].保定:河北大学出版社,2007:186.

校各类专家等一些基本信息是可以对外公布的。而涉及学校内部的具体事务，例如，学校财务预算方案、学校人事聘任，工资、福利分配方案，评优、评先等有关政策，教职工住房分配等涉及教职工切身利益以及学校财务、人事等重大事项时，应向学校内部进行公布，并且在学校人事、资金运用和分配，住房分配等方面还要公布具体的执行情况，进行全过程公开，让广大教职工能够清晰了解结果产生的具体过程，使广大教职工对涉及切身利益的行为进行"零距离"的监督，从而在学校中营造出一种透明、公平、公开的软环境，为民主监督和民主管理机构提供环境保障。

四、坚持家校互动，建立和完善家长委员会制度

学校教育最直接的相关人就是学生和家长，家长中具有先进的教育理念并且熟知学校管理规律的人也越来越多，家长也越发地成为学校管理的重要参与者。家长对学校的培养目标、教学方式、课程设置等方面都有发言权，"没有家长支持的学校教育是不完善的，通过家校互动不仅能使家长更快更好地了解和掌握孩子在学校的学习、生活情况，也能使学校了解学生在家的表现，还能让家长理解、支持学校的教育管理和教学改革举措，更能使学校通过畅通的联系渠道，接受家长善意的评价、质询和监督，不断完善学校的民主管理体制建设。"①

家长委员会是逐步培育和形成家长民主参与学校管理的一种重要媒介。学校培养的人才的直接相关者就是广大学生的家长，家长参与

---

① 张敏．实施民主管理是建设和谐校园的基石[J]．吉林教育（综合版），2007，（3）：15-17.

学校管理也同样需要通过制度的形式确定下来。家长对学校的教育教学改革、学校发展规划等方面都有一定的发言权，在具体的执行上，家长委员会制度应该有一套明确的职责范围，包括参与学校管理事务的内容、参与的方式、家长委员会的组成人员等。家长委员会是政府、学校之外的监督学校发展、参与学校管理的第三方组织。学校领导应保证家长委员会对学校相关事务的知情权，并在进行学校重大改革决议时充分听取来自家长委员会的意见和建议。

五、拓宽实施民主管理的渠道

民主渠道的畅通和多元化是保证民主管理实施的重要条件，一个学校在多大程度上能够获取来自基层的真实声音，直接决定着学校民主管理水平的高低。我们的社会已经进入信息化的时代，民主管理的渠道也呈现出多样化的趋势。民主管理的渠道也不再仅限于有形的校园实体之中，校长同样也要善于利用网络民主管理的渠道，通过建立学校网络平台，倾听来自校内教职工、学生的不同的声音，同样也能够获得来自校外其他群体、学校所在社区的声音。学校可以在网络上设立微博平台、建立公共微信账号，一方面，可以通过这类网络平台向家长、社区以及教师和学生公布学校的相关信息；另一方面，社区、家长、教师和学生也能够通过网络平台发表自己对学校内部管理问题、改革问题的看法和意见。必要时，还可以专门设立"领导班子互动日"，更加进一步地拉进校长乃至整个领导班子与师生之间的距离，让校长及领导班子成员能够更加真切地感受到群众的真实声音。网络民主渠道能够获得一些真实的反映问题的声音，并且能够获得更加真实的改革问题的方法和建议，这是普通的民主渠道所做不到的。

全方位的民主管理渠道应该是有形的民主渠道与无形的民主渠道之间的结合。在有形的民主渠道方面，我们应该提升其使用的频率，使其规范化、制度化、常态化。定期召开领导成员与各年级教研主任、年级长、教师代表的座谈会，时刻关切教师的最新动态和对学校发展的建设性声音。在这其中应该注意对教师、学生与家长关切的重大问题要有及时的反馈，通过教职工代表大会或家长委员会或网络平台及时地给予回应和处理。否则，这些有形与无形的民主渠道只会流于形式，让广大师生和家长认为只是做做样子。

六、建立监督与反馈机制

学校实施民主管理的重要环节就是学校领导要接受来自教代会的监督，能够接受监督的权力才是公平的权力，能够接受监督的民主管理才是全面的民主管理。

在监督机制上，学校领导班子要接受来自教代会的评议和审核，学校领导干部不仅要对教代会代表进行述职，领导班子成员也应接受来自教代会代表针对其德能勤绩方面的综合测评。不仅使领导干部的权力受到监督，也使教职工代表充分行使监督权与管理权。学校也可以专门设立监督机构，例如，学校监事会，作为学校的一个独立机构对学校重大的事务以及学校领导的行为进行监督。监督机构的人员应涵盖学校的教师、行政人员、学生、家长代表、社区人员以及教育专家，保障监督人员的广泛性和代表性。监督机构应该明确自身的职责和权限，监督学校决策的制定是否符合民主程序，决策主体是否积极作为，决议和制度落实情况，校务公开情况，对学校出现严重的违纪违法行为，学校监督机构有权向上级主管部门进行汇报。学校监督机构对违法违纪行为的主体具有质询的权利，当事人要在规定的时间内给予准确的答复。由于学校监督机构是学校内部的非正式组织，学校监督机构的地位也应通过学校章程的方式确定下来，赋予其一定的权力和权威，保障其监督效力的发挥。

在反馈机制上，应加强纵向与横向两个层面的信息传递与反馈，建立双向信息传递机制。纵向上，从学校高层的领导及其他管理人员到基层的教职工、学生、家长的信息相互传递；横向上，加强各部门、各机构之间的信息共享。在学校内部，主要通过校务公开的形式，让全体教职工与学生以及家长了解学校的信息，并通过教职工代表大会、学生自主管理委员会进行信息的反馈；在学校外部，主要通过家长委员会和其他渠道对信息进行收集并向学校反馈。保证学校反馈的常态化、规范化。各种机构以及机制的运转都应以保证信息的准确性为前提，利用技术化手段保证信息收集的真实性，避免"失真"现象的产生，提高反馈信息的可靠性，力求使反馈信息真实、全面、完整、及时。

完整的学校民主管理需要建立起相应的监督与反馈机制，通过制度化的方式保证监督与反馈的规范化和常态化，从而监督学校决策以及其他活动的有序运行，并及时地向学校领导进行有效反馈，纠正在决策过程中产生的问题，及时修正。在这样一种运行机制中，既可以保证学校成员的民主监督和反馈权利的运用，同时也能够提高学校管理运行的科学化和持续性。

案例分享

"变样的"民主

某校地处城市中心地带，随着近几年的迅速发展，办公用房和专业教室越来越紧张。在多方筹资和学校原有积累的基础上，建设新办公楼的计划得以实施。在校园的显著位置整理出一片土地，用于建设新办公大楼。一开始，校长办公会对于新办公大楼设定了几条原则：考虑到学校地处市中心，寸土寸金，土地面积有限，所以要尽量多出使用面积，以保证行政办公和专业教室的需要；因为该校在该区是一所很有影响的学校，要有特色，力争成为学校的标志性建筑；使用上要方便、节能、环保。

学校对楼房设计进行了内部招标以保证建设质量。最初七家设计单位招标，学校选择三家进入最后评标阶段。但这是学校的大事，教师们也很关心，校长办公会研究决定充分发扬民主，广泛听取意见。于是便将包括效果图和微缩模型三个方案在学校展示一个月，要求教师前去参观，并填写调查问卷。

后勤部门在一个月后对收集到的问卷进行整理。问卷的结果是，A方案61.7％，B方案15.4％，C方案22.9％。这个调查结果与建筑专家的意见即认为C方案比较好有比较大的出入。专家认为A方案造型确实很有特点，但存在致命的问题：一是容积率也就是利用率在三个方案中最低，二是按该方案建成的楼房使用不方便，最大的问题是采光很差。校长办公会开会研究认为，既然选择民主，就要尊重大家的意见。所以最后决定采用A方案。教职工对校长办公的决定也很满意。

经过一年半的紧张建设，大楼如期完工。但是等开始使用大楼后，教职工中逐渐出现了很大范围的埋怨和不满。原来，该楼并没有很好地满足办公用房和专业教室的需要，也显现出专家说的采光差的问题。大家议论纷纷，说什么的都有。对于整个问题校长办公会专门开会研究，觉得有必要向教职工做出说明。

在一次全校大会上，学校主管领导对于此事专门做了说明。他讲了该方案出台的过程，明确表示这是大家的意愿，是民主决策的结果。

案例点评：

首先，学校在实行了教代会制度，在最终确定学校楼房建设方案中，学校教代会发挥了一定的作用，在最终的决策上，学校领导采纳了普遍受教职工接受的 A 方案。但这其中就牵涉到了民主决策的科学化与科学决策的民主化的问题。在这个案例中，学校简单地认为能够被广大教职工普遍接受的方案就是实施了民主管理，但其实这其中暗含了很多不科学的举措。

其次，在学校领导与教职工之间没有建立起"民主—集中"的循环反馈方式，学校领导与教职工之间的信息是不对称的。学校领导知晓 A 方案的不合理性，而没有及时地告知教职工，没有与教职工再进一步地进行协商和交流，就简单地加以推行，导致了最终决策的失误。

最后，学校领导没有真正地把教职工的利益放在第一位，为了推卸责任，只是找理由来搪塞教职工，学校领导班子对这件事的态度是一种消极的应付，没有主动与教职工、家长进一步进行协商，研讨共同解决出现的问题，而只是让问题简单地存在着。

因此，学校领导不仅要在实际的学校管理活动中时刻注意民主决策的科学化与科学决策的民主化的统一，同时也应该避免形式上的、走过场的民主，应该进一步完善各种机制，向实质性民主转变。另外，学校教职工也要充分提高自己的素质和能力，辨别是非、明辨事理，提高自身参与学校管理的意识和自主性。

资料来源：http：//www.doc88.com/p-107556164006.html

第三节　实施民主管理应注意的问题

事物都处在联系之中，民主管理的实施不能仅通过民主管理制度实现。学校民主管理涉及学校内部的方方面面，一所学校要想真正地实现民主管理，不仅要处理好校长负责制与民主管理之间的关系，更要处理好形式民主与实质民主的关系。

一、处理好校长负责制与民主管理之间的关系

中小学实行的是校长负责制，严格意义上说，民主管理是校长负责制的重要组成部分。校长负责制是校长对学校一切事务所应具有的权利与义务。但校长负责制与民主管理并不是相冲突的，校长负责制并不简单地等同于校长一人说了算。虽然校长把握着对学校管理的决策权、人事权、财务权等权力，但校长的作用在于对学校重大事务的决断力和领导力，校长在做出学校重大事务的决定之前也要充分听取教职工与学生的意见，这种决断力与领导力是建立在充分发挥民主的基础之上的。民主管理与校长负责制是并行不悖的，两者是相互依存、互相促进的关系。在学校管理中，校长要善于授权，而不是让权力握在个人手中。一方面，民主管理有助于校长决策的科学化，提升校长的威信，从而进一步巩固校长负责制的实施。另一方面，校长负

责制需要民主管理提供重要的机制保障，通过对学校重大事务的集体商议，调动全体师生参与学校管理的行为，能够进一步地促进全体师生民主参与的范围和程度。

二、形式民主与实质民主的和谐统一

学校民主管理并不只是在学校重大问题的决策上走走形式，不是学校领导集体把握着学校的决策权，只是让教职工举手表决，符合形式上的民主程序。多少年来，我们的管理，包括民主管理，总是在固定的圈子里管来管去，距真正的民主还有很大的距离，有些单位的民主管理只是在形式上喊几句而已，这是民主管理中应该警惕的问题。完整的学校民主管理，应该是民主参与、民主决策、民主执行、民主监督、民主反馈等各个环节的有机结合。教职工参与学校的管理不仅仅休现在学校重大决策的参与上，也表现在对于某项学校重大的决策应该怎么做，同时要保证执行环节的公开化、透明化，通过教代会不仅对学校管理事务进行监督，也要对学校领导干部的行为进行监督和评议。在学校内部某一事项最终达成共识之后，也有建立相应的反馈机制，及时地反馈学校重大决定做出之后的群众反映，如有不合理之处，应及时地予以修正和完善。

学校民主管理是全方位的管理活动，在民主管理活动中涉及决策、执行、监督、反馈四个环节。学校领导应注重每个环节的民主化，积极调动全员的参与积极性，缺少了任何一个环节的管理都称不上民主管理，学校民主管理需要学校成员具有民主参与决策的权利，保障决策的民主化和科学化；需要学校成员具有执行环节的权利，成为学校管理真正的主人；需要学校成员具有民主监督的权利和机制，对学校的各项事务进行民主的监督；需要学校成员具有民主反馈的机制和权利，能够通过一定的渠道对学校各项事务进行畅所欲言的表达。因此，学校领导应该注重学校管理各个环节的运行机制建设，在参与决策环节，目前中小学都成立了学校的教代会制度，但在具体的执行、监督、反馈机制方面还需进一步完善，我们只有首先通过不断完善形式上的民主，使学校成员获得进行民主行为的渠道，使程序上的公正不断的透明清晰，才能真正地实现实质上的民主，实现实质上的公正。

三、实现民主决策科学化与科学决策民主化的统一

民主管理的作用在于充分尊重每个人的意愿，为每个人的意愿提供表达的机会。但在现实的民主管理中，我们会发现一些经过民主形式确定的决策有时并不是科学的。同样，一些科学的决策的产生有时并不是通过简单的民主方式实现的。这就是民主决策科学化与科学决策民主化问题。

在日常的学校管理活动中，并不是简单的经过全体成员表决产生的决策就意味着是科学的，简单地说，民主并不意味着科学。民主的科学化首先要保障参与民主的人的素质，民主决策的参与者不仅要具备能够独立思考、分辨是非、分析问题的能力，同样也要具备能够把个人"私利"与学校整体利益结合起来考虑的意识。民主是有等级之分的，有初级民主、高级民主的区别。初级民主只是简单的举手表决、无记名投票，这只是一种形式上的民主。高级民主是建立在科学基础之上的，在追求民主的同时，也讲求民主的科学性，是民主与科学的有机统一。它要充分发挥参与主体的聪明才智，把个人利益与学校利

益融为一体，把自身的前途命运同学校的前途和命运相结合。任何一项决策的科学化都需要学校成员之外的其他各方面专家的参与，通过专家对学校有关事务的科学论证，再把这些科学论证的"半成品"反馈给参与学校决策的主体，进一步地实现民主。这是一个循环的过程，要经过多次的"民主—集中"，例如，学校的绩效工资改革，学校新校址的选取和建设，都不能简单地依靠教代会进行表决，在一些更深层次的、涉及科学化的问题上，是要借助于其他各方面专家的建议，学校领导需要做的只是进行不断的反馈和集中，把论证的意见向大众公布，使学校成员能够了解某项决定的整个运作过程。追求简单的民主，是学校领导班子的一种不负责任的表现，同时决策的科学性也会受到一定程度的质疑。

因此，学校领导在进行决策时，应调动各类专家和咨询机构的积极性，最终形成两种以上不同意见和不同的方案供学校成员进行讨论。及时征求来自学校基层人员的意见，在面对不同意见时，不能急于决定，应一方面继续了解和听取广泛意见；另一方面，继续向专家和研究机构进行咨询。在面对学校重大问题的决定时，学校领导要秉持"民主—集中"的原则，不断地进行民主调研和集中研讨，没有深入地调查，不随意进行决策，未经咨询论证不决策，要形成彼此之间的信息反馈，最终保证民主决策的科学化与科学决策的民主化的统一。

四、切实提高学校成员的素质，保证民主管理的质量

学校利益相关者(教职工、学生、家长)的素质直接影响着学校民主管理的质量。学生通过学生自主管理委员会参与学校日常事务的管理；教职工通过教职工代表大会制度参与学校管理活动，家长通过家

长管理委员会参与学校的管理。《教育法》明确规定："通过以教师为主体的教职工代表大会等组织形式，保障教职工参与学校的民主管理与监督。"教师是参与学校民主管理的重要主体之一，作为教职工代表的教师，代表的不再仅仅是个人，不再仅仅是个人的一些诉求和个人所迫切需要解决的问题，他们不再仅仅代表一种个人价值观，而是一种公共的价值观，反映教师群体整体的、普遍的诉求。就如同全国人大代表一样，他们不再仅仅是代表个人，他们的提案应带有较强的普适性的价值追求。教职工代表是代表教职工群体来行使参与学校管理、监督学校事务的权利。因此，教职工代表素质的高低在很大程度上影响着参与民主管理的层次与水平的高低。

另外，学校的教职工、学生群体、家长群体同样要提高自身参与学校民主管理的意识，学校需要对其利益相关者进行民主理念的教育，让教职工和学生认识到他们也是学校民主管理的重要一员，是学校发展的重要力量。增强学校教职工、校外家长和社区成员参与学校民主管理的主体意识和积极性，学校师生员工要认识到民主管理既是权利也是责任，学校师生员工才是学校真正的"主人"，学校师生员工参与学校管理程度的高低在侧面上反映出一所学校民主管理程度的强弱，因此，学校师生要本着对学校发展负责的态度积极主动地参与民主管理。与此同时，家长也要认识到他们是学校管理不可或缺的资源，他们同样也是学校决策的参谋者，也是学校领导的"智囊"。只有充分增强教职工、学生和家长的民主意识，并且提升他们自身的能力素质，才能最终保证学校管理质量的提高。

 大家谈

劲松职业高中是较早进行以校长负责制为中心的内部管理体制改

革的试点学校。经过试验，逐步形成了校长、党支部和教代会(工会)的互相配合，互相支持，互相制约的工作关系。校长有决策权，但决策讲求民主和科学；党支部不干涉行政工作，但发挥保证监督作用；教代会(工会)不是权力机构，但代表教职工参与学校的民主管理。

他们的做法是：

1. 实行校长负责制后，立即着手改革学校内部的管理机构。

为了适应职业学校的特点，把普通中学的总务处、教导处机构改为五个中层职能办公室(即教育办、教学办、实习办、总务办和校长办)，并明确规定了各办公室的岗位职责；办公室主任直接向校长负责；学校的基层设立专业组、教研组和年级组，专业组负责专业课和实习，归实习办公室领导；教研组负责文化课的教研活动，归教育办公室领导。这样就形成了学校、中层办公室、基层组织构成的"三级管理，层层负责"的管理机构。为了精减管理干部，减少管理层次，提高工作效率，自1985年实行校长负责制以后，一直没有设置副校长的岗位，他们明确规定无论对内还是对外，各办公室主任在其岗位职责范围内具有副校长的权限和责任。

为了使校长的决策科学化，学校成立了由9人组成的校务委员会，并制定了《校务委员会章程》。校务委员会是校长决策的审议、咨询机构，它主要的职能是讨论研究校长提交的问题，提出看法和意见。在2/3多数同意的情况下可对中层干部提出弹劾。校务委员会由校长任命，为吸引更多的教职工参政议政，每年更换1/3。

2. 在学校实行了校长负责制后，学校党支部的职能也由原来的直接领导行政工作转化为对行政工作的保证监督。

1986年，学校党支部负责人开始实行兼职。目前的党支部书记是饭店服务专业组长，她所教的课程是《旅游概论》和《服务实习》。为了加强党支部对各组管理层次的监督。1988年，党支部改选后，中层干部不再任党支部委员。目前，两位党支部委员，一人是数学教研组长，另一人是语文教师（兼班主任）。

由于校长是党外人士（中国民主促进会会员），学校内部规定了《党、政联席会议》制度。党、政联席会议由校长、书记和支委参加，主要的内容是互相通报党、政工作的情况，讨论、研究学校工作的大事，对校长工作和支部工作互相提出意见和建议。

3. 实行校长负责制后，在学校行政和党支部的支持下，教代会（工会）逐步过渡到独立开展活动，行使民主管校的职能。

教代会代表由差额选举产生，为了吸引更多的人参政议政和便于对学校各组工作的民主监督，中层以上的干部不作为代表候选人。在当选的21名代表中，专任教师15人（71％），普通行政人员6人（占29％）；其中，共产党员6人，民进会员2人。

党支部不直接领导教代会（工会），而是通过当选工会主席的支委和党员代表来发挥作用。对教代会（工会）的活动，党支部发动党员予以积极支持。校长的重大决策要提交教代会（工会）讨论；对校长和各办公室的工作，教代会（工会）可以提出意见和质询。学校行政把福利费的管理权交给教代会（工会），同时由校长基金中拨给专款，作为组织教职工活动的经费。

有人说，实行校长负责制后校长的权力太大了。其实给予校长决策权是为了使校长更好地完成其岗位职责，提高其工作效率。1985年，学校引进社会资金，建设中，西餐专业学生实习的实习餐厅，新建面积1000多平方米，双方投资40余万元。双方从首次接触到签订协议前后不到一个星期。如果不是实行校长负责制，进展不会如此迅速，回忆这段工作时，郝守本校长说："如果不是校长负责制，学校内部不知要开多少次研究会，等你决定了，对方可能已经变卦了。实行校长负责制校长的责任更大了，如果责大权小，校长也难以尽责。只有责权匹配才能全面促进学校的各项工作。"

实行校长负责制后，党支部的保证作用是必不可少的。党支部动员全校党员和党的积极分子支持校长正确的决策。校长是非党人士，五个中层职能办公室主任都是党员。几年来在党支部的教育下，五位主任都能自觉接受校长的领导，出色地完成本岗位的工作。党支部每学期都要对干部工作写出书面评定。个别党员在学校工作中发生失误，党组织往往批评于校长之前。党支部还组织党员在校务委员会、教代会（工会）中发挥积极作用，成为校长工作的后盾。

教代会（工会）的作用是行使对学校工作的民主管理和民主监督，校长及时把学校工作中的大事和决策向教代会（工会）通报，主动为教代会（工会）参政议政创造条件。学校中层以上干部的工作业绩每年由教代会代表评分，中层干部是否称职还要由全体教职工大会无记名投票测评。校长和教代会（工会）商定，某个干部民主测评得票率低于50％的，校长不予聘任，由于教代会（工会）在学校生活当中具有一定地位，因而教代会代表和工会委员在学校中也受到大家的尊重，代表们和委员会为教职工服务的积极性也很高。

经过几年的改革实践，劲松职业高中形成了校长、党组织、教代会（工会）三者之间和谐的工作关系。这种工作关系不是三驾马车，也不是三足鼎立，而是把三种机能拧成一股绳。学校的三级干部，党支部委员、教代会代表、工会委员、校务委员会委员都成为校长制定决策的参与者和实施决策的执行者。在他们的带动下，全校教职工增强了凝聚力，提高了积极性，各项工作都取得了明显的进步。1987年，被评为市"办学有特色"的第一流职业高中，1988年，又获得市先进集体称号，全校教职工决心继续用实际行动来贯彻劲松职业高中的校训——团结奋进！

请思考：(1)您认为该校三者关系的做法是否算理顺了？为什么？(2)贵校是怎么做的？

资料来源：http：//hi. baidu. com/ybuaekybisblpwq/item/5650 b263e7db6937ac3e8319

 在线学习资源

中国教育干部网络学院　http：//www. enaea. edu. cn/

 补充读物

1. 杨颖秀. 学校管理[M]. 北京：北京师范大学出版社，2012.

2. 程振响. 新时期怎样当好校长：100位优秀校长管理心得[M]. 南京：江苏人民出版社，2012.

3. [英]托尼·布什. 如何管理你的学校(第3版)[M]. 许可，译. 福州：福建教育出版社，2011.

第九章　健全学校管理规章制度

 **专业标准**

建立健全学校人事、财务、资产管理等规章制度，提高学校管理规范化水平，不得违反国家规定收取费用，不得以向学生推销或者变相推销商品、服务等方式谋取利益。

 **标准解读**

对中小学而言，规章制度是现代学校管理的前提。科学的管理规章制度及其建设，确保了学校管理目标的实现，确保了学校管理过程与环节的有序进行，确保了学校教育教学及其他各项工作的顺利开展。

 学校诊断

下午的签到该不该取消

某中学为加强教师考勤管理，制定了上、下午上班签到的考勤制度，并且每天由值班领导亲自给教职工签到。这项制度已经实行了几年，基本上制止了迟到、早退和无故缺勤现象发生。随着学校考核评价等一系列管理办法的实施，教学成绩的不断提高，学校声誉越来越好，学校和教师所承受的各种压力也越来越多。在一次骨干教师座谈会上，老师们提出能否取消下午考勤签到的问题，理由是："老师们很累，下午第一节如果没有课，中午想踏踏实实休息会儿，缓解一下。如果有签到，就不敢休息，有时刚刚睡着就惊醒，这样下去总得不到充分的休息，对身体健康很不利，也不能精力充沛地投入工作。"有位主管领导说："签到是我校实行了多年的制度，如果取消就会给一些对自己要求不严格的人带来可乘之机，这样就会产生由于少数人的不自觉而影响整个教职工群体的现象，会造成严重后果，所以签到不能取消。"

思考：

1. 根据案例，你认为这所中学下午的签到该不该取消？

2. 根据案例，请对学校上、下午考勤签到制度予以评价，并对学校如何建设考勤制度进行讨论。

案例来自：程凤春. 学校管理的 50 个典型案例. 上海：华东师范大学出版社，2013：110

第一节　学校管理规章制度的类型与特征

常言道，"无以规矩，不能成方圆"。对学校来说，"规矩"就是管理规章制度。它包含着对学校人、财、物、事、信息、空间资源的管理，保障了学校各项工作的正常运转。学校管理规章制度及其建设，是协调内外部不同群体行为的有效依据，有利于中小学规范办学，确保了中小学管理的科学化、有序化与常规化。

一、学校管理规章制度的含义

学校作为具有公共属性的社会机构，以教书育人为目标。在学校各项管理活动的进行中，规章制度的建设必不可少。

从广义上说，学校管理规章制度包括一个国家对各级各类学校的教育教学及其配套相关活动的管理所颁发的法律、法规、规章及政策等规范性文件的总称，它是协调好政府、社会组织和个人涉及教育活动行为的统一准则。这一系列文件的制定主体为国家和地方政府，它包括国家教育法律及其他法律、国家教育行政法规及其他行政法规、国家教育行政规章、地方性教育法规、地方政府及地方教育行政部门的规范性文件。上述文件构成了国家和政府对学校管理的基本制度，以国家和法律效力和行政权力的运用为保障，具有普遍的约束性和强制性，为学校内部管理制度的建立提供了法律和政策依据。

从狭义上说，学校管理规章制度是指学校及其他教育机构对教育教学及相关配套活动所制定的各种规章、规定、条例及实施细则的总称，它是调节与控制学校内部个人与组织行为的规范。通常来说，学校管理规章制度即指学校内部自身的管理制度，它是由学校党组织、学校校长和教职工根据国家的教育方针与政策，结合学校自身目标与环境特性，制定出的一系列管理制度，对本校师生具有普遍的约束力。

学校内部管理规章制度包含学校的领导制度、教育教学制度、学生管理制度、校园管理制度、财务制度和后勤制度等，并以条文的形式明晰了师生的活动准则。上述规章制度反映了学校的工作作风、校长的工作思想和教职工的思想行为，是衡量学校不同层级管理水平的重要标本。从长远看，学校作为内部规章制度建设的主体，能根据环境的变化，不断更新和完善学校内部管理规章制度，有益于满足学校师生在工作、生活和学习方面需求的变化。

二、学校管理规章制度的类型

为适应复杂多变的环境，现代学校管理规章制度不能一成不变，要趋于多样化。为此，规章制度的效力和适用范围亦有所不同。根据其地位和作用的差异，可将其划分为以下两类：基础性管理规章制度、一般性管理规章制度。

基础性管理规章制度是指法律规定的各个学校都必须设定的事项，若缺少则学校无法创办和运行。一般性管理规章制度是指各个学校根据具体情况，依法必须在制度中加以规定的事项，如不规定将直接影响学校的日常管理。

(一)基础性管理规章制度

学校基础性管理规章制度是指那些对学校各个部门、各个环节都起指导和决定作用的制度。我国现行的中小学基础性管理规章制度，主要是根据国家的教育法律、教育行政法规和教育行政规章的各种规定与要求确立的，如校长负责制、教职工聘任制和评审晋级制度等。

1. 校长负责制

《中华人民共和国教育法》第三十条规定："学校的教学及其他行政管理由校长负责。"校长负责制是指校长应成为学校的法定代理人，由政府主管部门认定并能领导和承担学校全面管理工作。校长负责制作为学校一项基础性管理制度，是我国教育体制改革的要求，有助于发挥校长及其职能部门的积极性，形成科学的领导机制与管理结构。

2. 教职工聘任制度

《中华人民共和国教师法》明确规定："积极推行人事制度和分配改革制度为重点的学校内部管理体制改革，在合理定编的基础上，对教职工逐步实行岗位责任制和聘任制。"实行教职工聘任制度，目的在于深化人事制度改革，建立双向选择、能上能下、能高能低、能进能出的竞争激励机制，保障用人单位与教职工的合法权益。其内容主要有：依据有关法律、法规和政策，明确教师的权利和义务；规定不称职人员的辞退办法；在学校和教育行政部门建立教师聘任争议调解制度；规范聘任工作程序；拓宽人员流动和安置渠道，妥善安排未聘人员。

3. 教师职务评审与晋级制度

教师职务评审制度是指国家对教师岗位设置、各级岗位任职条件以及取得该岗位职务的程序等方面规定的总称。目前，中小学教师职务岗位分为高级、一级、二级和三级，不同级别需要具备相应的业务知识和技术水平。学校必须在上级教育行政部门批准的结构范围比例内，设置初、中、高级教师岗位数量，制定本校教师职务考核、聘任的具体规章制度，包括平时考核、学年考核、聘任期满考核、晋升考核等工作。

基础性管理规章制度是学校最为基本的条例，是依据国家的教育法律、教育行政法规和规章而确立的，它不是针对部分或个别学校问题，而是针对学校的普遍性问题。无论是公办或民办学校，都要将此作为根本办学方针来贯彻执行。

(二)一般性管理规章制度

一般性管理规章制度是指依据学校实际情况，明确校内外各部门、组织机构及其管理者、教职工权责，保障师生员工学习、工作和生活的一般性管理制度和行为规范的规定、条款、公约、守则。该类制度更多是结合具体环境而制定的，因此多反映出实际办学条件、办学思路、管理目标和学校特色，体现了学校管理的个性与特点。

1. 校级规章制度

这是规范全校成员共同遵守的规定，属于全校性的规章制度，主要有三类。一是各类校行政会议或校长办公会议、年级组长会议、全校教职工会议、校周会等会议制度；二是各类档案管理制度、校办产业管理制度、教职工业务学习制度、教职工考勤制度、教导处工作职责、总务处工作职责、年级组工作职责、教研组工作职责、班主任工作条例以及生活工作时间表等工作制度；三是家校联系制度，值日、值周、值宿制度等管理制度。

2. 部门规章制度

这是由职能部门制定的规范其工作范围的各种规章制度，如由招生处制定的学校招生制度，包括招生所使用的语言、招生办法、每个教学阶段的学习期限、学生品德和学习等方面的评价方法和程序；由教务处制定的教育教学制度、听课备课制度、教研活动制度、日常工作检查制度、教学质量检查制度、学生奖惩制度；由财务处制定的资金管理制度、固定资产和无形资产核算制度、固定资产常规管理制度；由总务处制定的物资采购、保管、使用和赔偿制度，食堂、宿舍管理制度；由保全部门制定安全保卫制度、门卫收发制度。

3. 岗位责任制

这是依据学校内部岗位职责、任职要求而建立的规章制度。"责权利"是岗位责任制的中心，"责"即"职责"，是制度的核心，"权"即

"权利"，是工作实施的条件，"利"即"利益"，是对履行职责的激励。岗位职责将以上内容落实到个人，加强对个人工作的监督。如属校级领导的校长、副校长岗位职责，属中层干部的政教主任、财务主任、教导主任岗位职责，属一般教职工的教师工作行为准则等。

4. 师生行为规范制度

这是师生在校内学习、工作和生活应遵守的行为准则。行为规范制度明确提出了"鼓励什么、要求什么、禁止什么"，帮助规范师生的一系列行为。这不仅是落实学校各项工作管理制度和岗位责任制的保障，也是建设良好校风、教风和学风的基础。师生行为规范制度主要包括教职工工作说明、教师师德公约、中小学生行为守则、学生日常规范、师生公共场所指导等。

当然，以上这些制度的分类并不是绝对的，也并不是一成不变。事实上，不同规章制度之间，往往是交叉重复的，如部门规章制度中对部门责任的划分，也许正是岗位责任制的内容，仅是从不同侧面反映了某个部门的职能。无论从哪个角度划分，某一类的规章制度都会有若干具体的实施细则，从而形成一个完整的规章制度体系。

三、学校管理规章制度的特征

(一)制度建设的教育性

学校作为教书育人的公共场所，始终以培养青少年和促进其成长为目的，以有利于师生的工作和学习来设计，所有的教育法规政策、行为准则、岗位职责等，都要依此为出发点。为此，"教育人、培养人、调动人"历来是学校规章制度的首要目标，也是其制定的重要意义。这一特征有助于学校管理有序与稳定。

(二)制度设计的科学性

科学性要求学校在制定规章制度时，确保内容设计、执行程序和操作的科学与规范。首先，学校规章制度要符合国家现行的法律、法规与政策。不同学校制度具有差异性，但其设计的基本精神不能与国家法规相违背，要在合理与合法范围内制定。其次，学校规章制度要在科学规律的指导下运用。学校的规章制度应符合科学的教育教学原理，符合学生身心成长规律与年龄特点，符合教师的劳动特点，符合学校管理的规律。最后，凡是涉及重要事务的解决时，务必要严格遵循规章制度的处理程序。否则，规章制度将难以执行，甚至产生不良后果。

(三)制度实施的强制性

学校管理制度是对全体成员生活、工作与学习活动而提出的具有指令性的行为守则。与校园文化、道德建设所不同的是，学校管理制度是一种硬性的管理手段，它明确指出成员"应该遵循什么、提倡什么、禁止什么"。虽然，它可与教育、行政和经济手段联合执行，但其强制性是保障成员遵守约定的基础，是维护学校正常教育教学秩序的基本保证，对师生的行为具有控制作用。

(四)制度施行的稳定性和连续性

稳定性和连续性是学校规章制度又一个明显特征。只有保持相对的稳定性与连续性，才能维护规章制度的权威，才能发挥维护正常秩序的作用。伴随规章制度的执行，成员的日常行为将逐步受其制约。因此，学校各种规章制度一旦建立，不宜朝令夕改。否则，将可能导致师生员工工作处于无序状态，影响其工作积极性。

第二节　学校管理规章制度建设的原则、程序与作用

由于学校实际情况不同，管理规章制度的内容也千差万别。为符合本校情况，管理规章制度的制定不能完全照搬。为此，学校管理者应在科学原则的指导下，规范管理规章制度建设程序，充分发挥管理规章制度的功能与作用。

一、学校管理规章制度建设的原则

（一）目的性原则

目的性原则体现了"以人为本"的教育要求。"以人为本"要求学校主体在制定规章制度时，应确保每一个学生享有公平的权利，这不仅是学校教育的起点，也是各项活动所要达到的终点。在这里，我们反对任何外在的评价体系来衡量个体活动的意义。从另一角度看，学校规章制度建设的根本目的，就是要充分实现人的自由与平等，促使个体享有平等的对待，包括对学生学习、教师教学、行政人员等的公平对待。

目的性原则是学校赖以建立并在自身运作过程中时时体现的价值体系，它真实反映了教育本质、教育规律和时代要求的价值观。它既是规章制度建设的出发点，也是规章制度建设的归宿。

（二）合法性原则

合法性原则应是学校制定规章制度的基本要求，因为规章制度的设计不能与法律、规章和法规等相互冲突，必须要在法律或法规允许的范围内来制定。学校规章制度在某种程度上说就是学校内部自行制定、实施的政策，它应是国家和地方政府相应的法律、法规和政策的

具体化。虽然，学校规章制度具有一定差异性，但其制定的基本精神必须是一致的，任何违背国家现行的法律、法规和政策的学校规章制度都是违法的。基于此，学校规章制度的设计必须以合法性为原则，符合法律和政策的要求。

伴随依法治校的深入，不同层级的行政机关享有制定有关学习教育管理的法规、规章等规范性文件的权力，这些机关包括全国人民代表大会及其常务委员会，国务院及其教育主管部门和地方权力机关或教育行政机关。针对和现行法律和法规内容相抵触的学校管理规章，学校应在相应法律的指引下，将其废除或停止，以保障学校规章制度的法制要求。

（三）可行性原则

学校规章制度的建设是为了执行，对学校成员的行为加以约束。如果规章制度仅仅是一种摆设，就失去了其意义。因此，制定规章时一定要考虑其可行性，促使其真正发挥作用。可行性原则包含以下内容。

第一，规章制度要遵循学校的客观情况，为解决某一问题或状况而制定，应具有工具性价值。某一项规章制度的建设，并非某个领导的主观意图，更不能"拍脑袋"随意决策，而是要在满足或解决某类群体的需求上来有效制定。

第二，规章制度要从本校师生所处的实际情况出发，科学制定。本校的实际情况包含环境、地理位置、人员经费、校园文化、办学条件和工作任务等。任何规章制度的建设都要结合学校实地情况，不能盲目模仿或照搬。

第三，规章制度条文要具体、详细，尽量明细化，不笼统。在文字表述上，语言准确，忌一词多义，引发歧义。同时，要保持条文的简明性，即准确、简洁和便于记忆。

第四，规章制度要保持灵活性与弹性。规章的稳定性不是绝对固定，而是相对稳定，是在一定灵活性范围内的稳定。由于学校环境的动态性，规章制度只有保持一定的弹性和开放性，方能有效适应学校管理者的需求，激发师生员工的工作热情。

(四)系统性原则

任何规章制度都是由一系列具体条文组合而成，包括校级规章制度、部门规章制度和各类人员岗位职责等。如果只有校级规章制度，而没有相应的部门规章制度，校级规章制度就无法贯彻，也缺乏针对性。反之，若只有部门规章制度，缺乏校级规章制度的指导，则不同部门间缺乏方向性，难以形成合力。作为学校管理者，应完善和健全学校各类规章制度，并正确处理好不同制度间的关系，使其相得益彰。

(五)民主性原则

民主程序是学校管理规章制度操作的必然要求。规章制度并不是校长闭门造车而来，而是来自学校的全体成员，他们最有发言权。"民主集中制"是学校制定规章制度的基本原则，也是保证制度能"到群众中去"的前提。因此，合理、严格、民主的程序是确保学校规章制度规范操作的基本原则。制定学校规章制度应该在充分取证和调研的基础上，发挥公正公平作风，广泛征求全校学生和教职员工的意见。这样制定出的规章制度就具有广泛的群众基础，达到规范可行的目的，从而促进学校的自我管理。

二、学校管理规章制度建设的程序

规范的制定程序应当包含前期调查、立项审批、确定参加人员、起草、征求意见、审议、公布实施、后续评估八大环节，各环节之间有其内在联系，缺一不可。

(一)前期调查

在正式起草之前，学校首先要做好充分的论证与调研。通过传达上级精神以及学校发展目标和规划等，详细告知师生规章制度设计的意义，让其对规章制度的内容有所了解，从而达成"治校"共识。为此，学校应按期编制计划，相应的规章制度设计部门应广泛听取师生意见。其中，座谈会、论证会和听证会是收取意见的主要途径。

(二)立项审批

立项审批是指规章制度在经过设计部门充分论证后，由相应的法规部门进行资格与内容审核，对不符合程序的规章制度予以废除，对符合程度的规章开始进行起草。从这个意义讲，立项审批是提前发现规章制度不足的有效途径。

(三)确定参加人员

师生作为规章制度的重要主体，在设计之初必须有他们的参与，才能保障规章制度设计后的顺利执行。学校应转变旧有观念，鼓励师生员工反映意见、建言献策，从而减少执行过程中的抵抗情绪，并防止虚设规章制度。从教育的目的来讲，规章制度虽是对教职工和学生的一种行为约束，但其本身也是维护学校利益必不可少的，参与本身就是一种教育活动。

(四)起草

在民主意见的基础上，起草工作逐步开始。规章制度起草应有明确的目的和主体，以及执行的具体步骤。文字表述应准确，不可过于抽象，如"教师要促进学生身心健康发展"的表述就过于抽象。这就要求在起草文件的过程中尽量使用可评估的量化概念，或图表范式来表达规章制度，便于理解和掌握。只有形成规范文本，使其具有较高的权威性，才有利于规章制度的执行。

（五）征求意见

这一环节是提升规章制度质量和可行性的关键。有关职能部门和人员对下发的初步方案，结合自身具体工作的性质、任务和特点，对条文规定逐条加以对照、检查和修改，完善意见与建议，在此上报学校管理部门。

（六）审议

经独立审核后，规章制度要交由相关部门进行会议评审，并对其方案的可行性与可操作性，进行最终意见的整理与修改，最终审议同意后交付表决通过。

（七）公布实施

公布实施是以学校名义发布并正式实施规章的环节。虽然，规章制度具有一定强制性，对师生成员有约束和监督作用，但如何将外在的制度内化，演变为师生成员内在的自觉行为，取决于人们对规章制度的接受度。因此，新的管理制度应充分运用多种途径，如通过各种会议（包括校会、班会、工作例会等）、广播、校园网、板报、宣传栏、校刊等进行广泛宣传，将规章制度有关条款内容、执行步骤、实施要求等，向师生进行解释。还可利用知识竞赛、文艺汇演和考试等形式，制造有利于制度实施的外在环境。从而，有助于学校师生提高水平，提升自觉执行和自觉维护规章制度的使命感，营造共同遵守学校规章制度的氛围。

(八)后续评估

学校在公布规章制度后并不是一劳永逸的，而是要随时观察，并对其进行科学的评估。对于教职工和学生所反映的问题，要快速及时处理，并将反馈信息汇总完善，为以后制定规章制度打下良好的群众基础。

三、学校管理规章制度建设的作用

学校管理的实践证明，严格、健全的管理规章制度，是保障教育教学活动顺利进行的基础，学校各项工作的顺利展开都离不开规章制度提供有力保障。概括来说，学校管理规章制度具有以下作用。

(一)规章制度建设有利于保障依法治校

学校管理规章制度作为学校的"法"，是为了保障学校实现一定目标而制定的一系列成员共同遵守的行为准则。伴随"依法治校"理念的推广，学校各项管理工作都要以此为中心，实现"各项工作的法制化、规范化"，以便广大师生员工积极参与，将学校管理并入到"法治的轨道"。

"有法可依"是"依法治校"的重要前提，这里的"法"不仅指国家现行的教育法律法规和规章，也包括学校内部制定的规章制度。如果学校没有这些规章制度，或是不健全，或是有章不循、有法不依，都可能造成学校管理混乱、组织涣散、教学设施流失，最终导致学校工作处于无序状态，损害学生和家长利益。当然，制定学校规章制度的目的，不是单纯对师生员工进行管、卡、惩，而是保障全体教职工工作的制度化、标准化和程序化，做到凡事有章可循、有章可依。

（二）规章制度建设有利于落实办学自主权，加强组织成员自我约束

教育行政部门的简政放权是学校法人享有独立地位的重要基础，但政府的放权要以学校建立完善的自我约束机制为前提。缺乏自我约束和管制的学校，其权力就可能被管理者滥用，影响到学校长远的发展。因而，学校是否按照规章制度办学是政府及社会监督、管理学校的基本依据，是建立自我约束机制的主要途径。

（三）规章制度建设有利于工作制度化与科学化，提升学校内部管理效率

由于不同部门职能的差异，成员易从自身利益考虑，在学校管理工作中出现推诿或扯皮现象。此时，权责分明、科学而合理的规章制度，能有效进行调节，避免不同职能部门交叉。如现行的校长负责制，通过明确划分党政职能，促使校长真正成为管理者，避免因党政不分所产生的问题，从而提高学校管理的效率。

（四）规章制度建设有利于确保个体目标与集体目标的统一

对于组织成员来说，学校规章制度不仅只具有约束作用，还有重要的激励功能。因为规章制度以明确的条文表示，规定哪些可以做、哪些不能做，违反会受到何种惩罚，执行又会得到何种奖励。据此，组织成员不断潜移默化地调节自身行为，以使其更符合规章制度的要求，确保个人目标与集体目标的统一。

（五）规章制度建设有利于协调学校内外工作

学校在与外界保持密切联系时，需要规章制度来协调内外部不同群体关系。例如：要充分发挥社区教育力量，形成有效的家校合作模式，需要建立和健全校外教育制度、家长与教师联系制度和学校信息发布制度；为及时了解师生员工的工作学习情况，需要建立校内的各种会议和汇报制度；为实施民主管理，充分调动教师工作的积极性，需要建立教代会制度等，这些制度保障了学校内外工作的有序进行。

第三节　学校管理规章制度建设应注意的问题

管理规章制度作为学校的"法"，它以条文的形式来约束学校成员的行为与价值观，规范各类人员所必须遵从的行为守则，明确管理者的工作权责与范围，保障了学校的正常运转。然而，规章制度的使用也有一定的"范围"，如果超出大多数成员的承受力度，其作用就会大大减弱。从规章制度制定的程序看，它是一个持续的、动态的过程，包括制度设计、操作执行和监督反馈三个环节，任何一个环节出现问题都会降低规章制度的实施效果。

一、学校管理规章制度设计环节应注意的问题

亚里士多德说道："法律就是秩序，有好的法律才有好的秩序——好的教育是依靠严格的纪律和管理培养出来的。"近年来，中小学校园法律纠纷事件频频出现，越来越多的人开始关注学校规章制度出台与设计问题。这些争论反映了学生日益崛起的权利意识的变化，也凸显了关于学生权利的法律规定和学校管理制度中不合理因素的冲突。这种冲突尤其体现在学校规章制度的设计环节，诸如学校规章制度出台的合法性与合理性、程序制定的不规范性、内容缺乏层次性等问题。

面对这种情况，规范化与法制化就成为学校规章制度设计的第一要务。学校管理者在设计规章制度时，必须遵循法律和纪律，严格地制定，把学校管理纳入标准化、合理化与程序化的轨道。如此，规章

制度才能获得单位成员的认可，从而有效约束成员行为，并具有权威性。为进一步理解规范化与法制化，本文以"Z中学学生使用校内手机规定"为例①，来具体分析学校管理规章制度设计环节应注意的问题。

 案例分享

伴随经济发展，家长给孩子买个手机完全成为可能，但在校园中可以使用吗？学校对于越来越多的学生课上或课下使用手机，应该如何处理呢？Z中学制订了校内手机使用规定，主要包括在"教学区域内不得使用手机，以免对正常的教学秩序造成干扰""在进行任何教学活动时都不得使用手机""考试期间，不得将手机带入考场，否则一律视为作弊"等，并说明"凡是违反以上规定，一律暂收手机至学期结束，家长打申请，学校同意后领回"。但这些规章在出台后却遭遇一系列困扰：

——班主任有"劫富济贫"的权力吗？在期中考试时，一位老师在监考中听到手机的震动声，经查，该同学的手机短信内容是选择题答案，并一连带出12部手机，并发现本次考试成绩较差的学生类似情况较多，远远超出老师的想象。在班会课上，班主任明确规定：明天开始禁止任何人带手机进教室，否则一旦发现，没收。当天，A同学在下课时，拿出手机被班主任看到，A同学手机被没收。也有个别班主任没收学生手机2天后还给学生，但学生必须交一定费用作为班

---

① 肖建. 和谐管理中的学校规章制度制定之研究——以Z市M中学《校园学生使用手机的规定》出台为例[D]. 上海：华东师范大学，2006：16.

费，认为算是"劫富济贫"吧。

——学校"禁机"，后果真能自负吗？虽然家长们几乎一致认为手机应该禁止使用，但就在学校封杀令出台不久的一场考试中，问题出现了。学校规定学生把书包放在教室外，不得带进考场。考试结束了，高二(6)班有 6 个同学书包中贵重物品不见，其中有 4 人手机不见，家长要求学校给个说法，因为在学校丢失。学校学生处明确答复：一切自负，因为学校不允许学生带手机进校，此事不了了之。

——"地下党"为何越来越多？很多学生对学校的禁机令表示不满，转入"地下"的学生越来越多。一名同学说："手机属私人用品，只要上课时关机，下课时不影响他人，学校和老师就不应该限制我们使用。"他认为，禁用手机实际上起不到什么作用，学生还是照用，还不如大大方方放宽限制；"我们也知道学习的重要性啊，不想学习不用手机都始终那样，而热爱学习的也不会因为一部手机就堕落"。有同学认为老师们偏心，其实谁有手机，谁没有老师基本上心里都有一个底，但他们总是针对成绩一般的学生，对于那些在班上排前几名的学生，他们就睁只眼闭只眼。

Z 中学校内手机制度之所以成为各方争论的焦点，关键在于其出台的合法性与合理性问题，即在设计之初是否按照标准化与程序化，经过了学校师生的认可，并赋予其权威性。上述矛盾背后，反映了现代学校管理中行为主体权利意识的变化，学校不再是规章制度设计的唯一主体，制度设计更需要"法治"来规范。

(一)依法制定规章制度，避免自治性文件与有关法律或法规相违背

在本案例中，有些班主任在没收学生手机后，还采取了罚款行为，这明显与我国现行的行政法规相抵触。我国《行政处罚法》第6条规定："行政处罚需由具有行政处罚权的行政机关在法定职权范围内实施"。学校既不是行政机关，也没有经过任何授权，因此其罚款行为是一种典型的违法行为。

（二）严格制订主体，避免因主体混乱而导致管理无序

虽然在案例中，制度设计的主体刚一开始是学校，但学校并没有出台明确的惩罚措施。后续的"没收"措施，是在众多班主任的要求下，由教导处出台的，显然主体不明确。在学校规章制度设计时，由于管理工作涉及不同职能部门，哪些问题应由相应部门来制定需要首先明确，方能有效避免主体混乱而导致的管理无序。

（三）规范制度细则，避免因内容不一致或冲突问题

学校部门之间存在着或多或少职能交叉，这就导致在规章制度设计时存在不一致或冲突问题。一种情况是不同职能部门在制订文件时，对同一事务存在着矛盾或冲突；另一种情况是同一职能部门内部，在先后制订的文件上存在矛盾或冲突。如Z校教务处制订的学生使用手机规定中，认为班主任有"没收"手机的权力。但相反，在由学生处制订的《班主任守则》中，则指出"教师不得扣押学生的财产"，这明显是矛盾的。

（四）广泛动员师生参与设计，保证规章制度拥有充分的民主基础

规章制度的实施，不能仅依赖其强制性，更重要的是组织成员自发和自觉的维护行为。因此，在设计规章制度时，切不可认为学生只是规章制度的控制对象，而忽略其民主参与的权利。在Z校学生对禁止手机的规定，明显是排斥或反感的，越来越多学生转入"地下"活动。这说明制度已超出学生可承受的范围，不利于学校良性建设。因而，如何让学生心甘情愿接受规定，平等表达想法，这才是学生所希望的。

二、学校管理规章制度执行环节应注意的问题

现代学校制度建设不仅仅是学校规章制度上的变革，更是促进和实现学校民主化管理的重要平台。这个平台要有实效，要能被教师和学生心悦诚服地接受，管理者就应将制度扎根于学校教育教学和师生发展实际之中，这样所产生的规章制度才具有生命力，才能真正承担起监督、制约和激励的作用，其所蕴含的文化才能转化为学校的一种个性、一种特质和一种品牌。

富有生命力的管理规章制度彰显了学校管理者的教育理念、工作精神和领导艺术，促使师生产生一致的目标，并在管理者的感召下全力以赴去实现目标。作为管理者，应力求把每项小的管理制度都精细化、人性化，着眼于教师这个有思想、有情感、有尊严的"人"。让制度凸显关爱、激励和尊重的人文功能，让每一位教师工作起来都精神百倍，充满朝气与活力。

全国"优秀校长"魏书生说道："制度，本身就是一种形象，是一种示范和引领，而不是冷冰冰的条条款款，它有生动的内在思想。校长要让制度富有生命力，这样学校才能发展，教师和学生个体要求也才能得到和谐的发展。"为进一步理解制度的生命力，本文以"骨干教师请假"为例①，具体阐述学校规章制度在执行中应注意的问题。

---

① 翁文艳.学校管理的50个细节[M].福州：福建教育出版社，2012：53-54.

案例分享

王校长新上任几天，就收到了刘老师请假一周的请假条。由于难找人代课，王校长主动替刘老师代课。当晚，王校长到刘老师家了解情况。原来，刘老师工作十几年，极少早退。为了工作，一直没要孩子，直到近期才生了女儿。由于孩子小，每天还要赶很远的路回家给孩子喂奶，而这次请假是因为孩子高烧。

王校长了解情况后，诚恳地对刘老师说："你的课我代了，你好好照顾孩子，希望孩子早日恢复健康。如果三天内，孩子病情稳定，建议你最好提前来上课，我们不扣发这个月的奖金。如果请假超过三天，就必须按制度办事了。"刘老师听了很感动，发自内心感谢王校长。过了三天，刘老师等孩子病情稳定后，就上班了。

王校长在教师大会上对有事、有病坚持上班，合理安排家务不影响工作的教师，给予表扬和感谢。对确实有病、有事的就休息，学校会多关心和帮助。至于经济措施，缺勤扣罚奖金仍按上级的规定，全勤奖则在原有基础上翻一番。

规章制度的作用，不仅仅是"惩罚"，更重要的还有"激励"功能。中小学领导在教师管理中面临的一个问题，就是如何通过以规章制度为契机，来给予教师人性关怀，从精神上和物质上来激励教师工作热情，而不再是生硬地按制度办事。

（一）以人为本，将硬性规章与柔性管理相结合

教师是知识分子群体，尤其是骨干教师，校长更应尊敬与体谅。在本案例中，王校长没有轻易破坏制度的权威，而是通过实地调查，

发现了刘老师的隐情，并给予"三天不扣奖金，超过三天按照制度扣罚奖金"的处理。这就是制度管理中的以人为本的原则，王校长的处理方式，一方面体现了关怀教师，另一方面也通过"全勤奖在原有基础上翻一番"的做法，调动了广大教师工作的积极性。这样，既解决了刘老师的实际困难，还有效维护了制度权威，实现了学校规章制度的初衷。

(二)运用多种手段，增强执行灵活性与弹性

由于外部环境的不可控性，学校管理者不能完全采取刚性的、生硬和僵化的管理方式，而需根据制度执行的具体情况，进行弹性处理，这就是制度管理中的弹性原则。除了运用制度进行管理外，还有行政手段、经济手段、激励手段等。学校管理者不能孤立使用某一管理方法，要基于特定问题和情境，综合运用多样化的管理方式，避免"千篇一律"式的"对号入座"，以增强规章制度的推广力度。

(三)杜绝执行低效，及时反馈问题

灵活运用制度，不是说不讲原则，或者钻制度的空子，利用手中权力为自己和他人行方便。如果案例中，王校长为留住骨干教师，采取了一种听之任之的态度，对严重缺勤者不处罚、不过问，相反对其他青年教师则"针针见血"，严格执行考勤制度。问题绝不会得到解决，甚至出现弄虚作假的现象，加剧教师之间的矛盾。因此，管理者要在"执行"二字上下功夫，按照"理解好、落实好、完善好"的要求，在规章制度执行中善于发现问题，敢于抓住问题，妥善解决问题。

三、学校管理规章制度监督环节应注意的问题

监督是学校规章制度建设的关键环节，它关系到规章制度执行与

否，效果是否及时反映到管理者耳中。从一个侧面说，监控和反馈环节帮助规章制度成为一个"无形"的领导者，大家看不见但时刻都能感受到，促使大家按照一定的标准和要求，在一定条件下有效行动。然而，现实中监督环节却很薄弱，往往由于行为主体的特殊身份，而容易出现"制度失灵"的问题，降低制度的约束力。这种情况在我国学校管理中都不同程度存在着，影响规章制度的公正性与公平性。因此，在监督环节，管理者一旦发现问题，要迅速地将问题传递给学校师生，让师生及时了解处理结果，形成共同遵守的良好氛围。为避免学校在监督环节出现"制度失灵"问题，本文以"被值日生拦在门口的校长"为例①，帮助学校管理者透析其要点。

 案例分享

　　一所公立小学把 3 月 12 日定为该校的雷锋纪念日，该小学校长要求全校师生在这一天都统一佩戴前日发的纪念徽章，才可入校。3 月 12 日早上，担任值日生的小学生认真检查着每一位学生，少数几个忘记佩戴徽章的只好回家去取。

　　这一天，校长因为一个临时紧急任务而忘记了佩戴徽章。在校门口的值日生在检查到校长没有佩戴徽章时，毫不犹豫地把校长拦在门口，不让校长进门。就在大家认为校长会因此恼怒时，校长却立即承认自己的错误，并当场表扬值日生，而且事后还在全校范围内表扬值日生不畏权责、敢于执行制度的精神。

---

　　①　翁文艳.学校管理的 50 个细节 [M].福州：福建教育出版社，2012：32-35.

在这个案例中，也许常见的做法是，周围的教师或学生马上走过来，指责那位值日生，"你怎么搞的？连校长都不认识，还不快让校长进来！"于是，校长堂而皇之地进入学校。这种做法似乎颇为常见，但却埋下了制度执行的恶果，即校长用自己的行为告诉大家，校长自己制定的制度，全校师生都必须遵守，但校长可以例外。这种做法必然导致师生视制度为"无物"，对制度嗤之以鼻的结局。最终，不遵守的学生或教师越来越多，此项制度也形同虚设。为此，学校领导要以身作则，带头遵守学校规章制度，为全校师生树立榜样，形成遵纪守法的制度文化。

(一)公平公正，一视同仁

规章制度的效力，无论是领导还是教职工，都应统一尺度，不因职务和人群而有所不同。"其身正，不令而行；其身不正，虽令不从"，作为学校管理者，更应身为表率，严格执行规章制度的要求，维护制度的权威性。一旦违反，同样要接受处罚。为此，才能促使师生主动、自觉地遵守各项制度。

(二)刚性规章，严格执行

学校领导在制度运用的过程，要严格执行规章的"刚性原则"。刚性原则明确要求学校各类人员要遵守日常规范与行为守则，这是管理刚性的一面，也是管理者与被管理者易发生摩擦的一面，即新的行为准则同原有思想观念、行为习惯和活动方式之间的冲突。因而，在新制度处于"磨合期"时，管理者要创造有益于制度实施的外在环境，并严格执行，对自觉遵守的部门和个人，予以表扬；反之，则予以批评和处罚，避免"网开一面"，杜绝"下不为例"。

(三)有效监督，及时反馈

学校规章制度建设，绝不是一朝一夕，而是具有长期性和反复性的工作。建立有效的监督和反馈机制，强化制度激励，使制度落实到实处。如案例中学生佩戴徽章行为的培养，就需要反复抓、耐心抓和及时抓，才能形成学生良好的品德与行为。在此过程中，督促检查要贯穿课内、课外、班级与团队的各种教育实践活动，科学运用检查、评比、考核与奖励手段，增进学生积极维护学校荣誉，履行规章制度的良性氛围。

总之，学校管理者在制定学校规章制度时，要注意好制度设计、执行和监督三个环节，及时监控每个环节，保障上述环节之间"相互联系、紧密配合"，从而建设一个"透明"的规章制度运行过程，促进和谐管理，建立和谐校园。

❓ 大家谈

小赵是某中学的教学骨干，样样都干得出色，尤其是近几年，为学校争得不少荣誉。一次，爱人生病住了医院，家里还有不满两岁的儿子，这无疑增加他的负担。小赵经过反复考虑，不得不向校长提出了请假的要求，并表示：照顾爱人期间，不忘教学，认真备课。然而，校长的答复十分强硬：请假可以，但要按章办事，每请一天假，扣奖金 50 元。如一个月超过 3 天，该月奖金全部扣除。另外，还要从工资中支付部分代课金。显然，这无疑让小赵心寒，但为照顾妻儿，只得服从。不久，小赵的爱人出院。与此同时，小赵向校长提出调离学校的请求。这是校长万万没有想到的。于是，校长态度 180 度转弯，收回当初说的一切，补发扣除的奖金与工资。但是，小赵却坚持一定要走。试问校长哪些地方做得不对？

行动研究

研究背景：某中学午餐规定，为保证学校卫生整洁，午餐时间学生们必须在餐厅里就餐。学生会向校长提出申请：请尊重学生们请求，允许学生到校园内的草地上或石凳上就餐，以享受新鲜的空气。

项目时间：2013年9月至2013年11月

发现问题：学生不愿遵守就餐规定，表现被动。

提出假设：

1. 以前没有在食堂就餐习惯。

2. 室外用餐，空气清新。

3. 喜欢从众，大家都在室外用餐。

4. 用餐规定出台过程中，学生参与机会少。

初步调查：校长日志、校园观察、问卷调查

调查结果：

1. 大多数学生对遵守食堂用餐规定感觉不难(93%)。

2. 少数学生坚持室外用餐，认为空气清新(10.4%)。

3. 半数以上学生表示在室外与同学用餐，是担心自己与众不同，被人冷落。

4. 半数以上学生不了解食堂用餐规定出台的原因和过程。

重新认识问题：大部分学生不积极执行用餐规定，是因为来自同伴的压力，以及对规定的陌生，认为参与机会少。

行动方案设计：

1. 组织专门板报设计、广播宣传等活动，使学生通过宣传更好地了解规定设计初衷。

2. 活动中积极鼓励和表扬，激励学生树立用餐新文明。

3. 设计班级或年级活动，开展文明用餐的自查行为，增进团队精神和集体荣誉感。

实施计划：为配合行动，校长组织专门会议，向学生会讲解此规定出台背景，是为了避免午餐后校园到处是乱扔的垃圾，并充分尊重学生会意见，给他们两周时间进行试验，同时学生会每天午餐后有专人协助检查和清洁卫生。两周还不到，学生会代表学生，主动找到校长要求取消室外用餐政策。因为每天午餐后，垃圾过多，实在难以清扫。

评价效果：

1. 校园观察：从观察记录来看，学生食堂用餐比例增加，主动遵守。

2. 问卷调查：80%的学生认为宣传活动增加了对规定的了解；85%的认为，试行室外用餐的规定不利于校园整洁，应执行食堂用餐。

3. 校长日志：较为详细地记录了用餐典型事例，尤其是以前特别不愿遵守的个别学生。

行动反思：在制度管理过程中，校长可以通过与制度管理的对象（如学生）进行协商，允许他们试行另一种非制度行为，让管理对象充分意识到制度管理的重要性，增强自觉执行制度的积极性。

 在线学习资源

中小学管理　http://www.zxxgl.com/

补充读物

1. 吴志宏．学校管理理论与实践［M］．北京：北京师范大学出版社，2002.

2. 程凤春．学校管理的 50 个典型案例［M］．上海：华东师范大学出版社，2009.

3. 魏书生．如何做最好的校长——影响校长一生的中外教育家经典感言［M］．南京：南京大学出版社，2010.

4. 程志龙．现代学校管理［M］．长春：吉林大学出版社，2011.

第十章　打造平安和谐校园

 **专业标准**

　　努力打造平安校园，建立和完善学校各种应急管理机制，定期实施安全演练，正确应对和妥善处置学校突发事件。

 **标准解读**

　　我国《国家中长期教育改革和发展规划纲要(2010—2020年)》(以下简称《规划纲要》)中提出："深入开展平安校园、文明校园、绿色校园、和谐校园创建活动，为师生创造安定有序、和谐融洽、充满活力的工作、学习、生活环境。加强学校思想政治工作，帮助师生员工解决实际困难和问题，完善矛盾纠纷排查化解机制。加强安全教育和学校安全管理，加强校园网络管理和周边治安综合治理。完善学校突发事件应急管理机制，妥善处置各种事端。"上述专业标准是对《规划纲要》中要求的落实，对于校长而言，这也是衡量其办学水平的重要尺度，是办好人民满意教育的保障。

250

学校诊断

安全事故引发的反思

2004年3月28日，J省Z市某中学组织学生春游，在返回途中发生重大道路交通事故，造成9人死亡、24人受伤；2005年6月10日，H省N市S镇山区突降200年一遇的强降雨，引发山洪和泥石流灾害，镇中心小学105名学生遇难；2006年12月4日，P县某村教学点，因学校锅炉工违规操作，致使6名寄宿小学生死亡；2006年11月18日，J省D县某中学发生学生踩踏事故，6名学生死亡……血淋淋的学生安全事故令世人震惊，发人深省，令人反思。除自然灾害外，中小学周边环境也存在诸多的安全隐患。

安全事故的原因多种多样，但其中大部分与管理紧密相关，如果改进管理，就可以合理地控制和避免事故。从媒体对近年来校园安全事故的报道可以发现，许多安全事故的起因是管理的不完善，如发生踩踏事故是由于晚自习的疏散管理不善；发生食品安全事故是由于食堂管理存在的漏洞；发生外来人员进校伤人事故是由于门卫管理出现问题。如果在学校管理上注意细节和严抓落实，能够很大程度上避免校园安全事故的发生。长期从事校园安全问题研究的中国人民公安大学治安系教授王太元说："每次校园安全事故发生后的总结中，总是找管理上的漏洞，其实在事故发生的背后是安全教育的长期缺失。"

第一节 平安和谐校园建设的内容与意义

"和谐"作为一种重要的社会发展理念深入人心。中小学作为社会中的重要组织，其"平安和谐"是建设的根本目标之一。这一目标的实现既要从消除危机和隐患入手，又要从更高层面上形成学校发展的体制文化内核。

一、平安和谐校园建设的内容

"平安和谐"校园的建设应着眼于防控各种危险的出现，把各种危险的发生控制在最低限度或是不发生任何危险、事故。它有利于为师生营造一个健康、向上的学习、生活和成长环境，更好地实现组织管理和发展的目标。

(一)校园安全工作分类及特征

学校安全工作是指为防止和控制各种危险的发生或最大限度地减少意外事故损失而采取的决策、组织、协调、整治和防范、救助等活动。造成校园安全事件的原因多种多样，"既有客观条件的限制，也有人们认识上的主观局限；既有宏观体制上的问题，也有具体操作上的漏洞；既有难以抗拒的突发情况，也有完全可以避免的人为事故。"[1]

1. 校园安全工作分类

(1)不法侵害。我国正处于社会转型时期，经济和社会发展会导致利益分配失衡，产生一些新的社会矛盾和问题，引起各种各样的纠纷。如果这些矛盾纠纷得不到及时化解，极可能引发对抗社会的行为。而一些人会选择最弱势群体——学生作为发泄的对象，这种校园恶性案件往往引发巨大的不良社会影响，更为重要的是，此类事件扰

---

① 韦才玉. 对校园安全工作的几点探讨[J]. 金色年华：学校教育，2009(12).

乱正常学校的教学秩序，给学校发展带来巨大破坏。

 相关阅读

2010年3月23日上午，福建省南平市实验小学门口，一名中年男子持刀追砍小学生，3名学生当场死亡，另有10名学生受伤入院，其中6人因救治无效死亡。

2010年4月12日，凶手杨某闯入广西合浦一小学行凶，造成校内人员2死5伤。

2010年4月28日15时，陈某混入广东省湛江雷州雷城第一小学，持刀砍伤15名学生和一名为保护学生而与歹徒搏斗的老师。

2010年4月30日，男子王某骑摩托车携带铁锤、汽油，强行闯入山东潍坊尚庄小学，用铁锤打伤5名学前班学生，然后点燃汽油自焚。

2010年4月29日，江苏泰兴的徐某在一所幼儿园内持刀砍伤32人。

2010年5月12日，陕西省南郑县圣水镇林场村村民吴某持菜刀闯入该村幼儿园，致使7名儿童和2名成年人死亡以及11名学生受伤。

上述校园恶性伤人事故，让人触目惊心。这种针对儿童少年的密集安全事件让家长们提心吊胆，甚至觉得孩子们上学已成为一种冒险，校园安全保障瞬间成为人们关注的焦点。不法侵害行为之所以会选择以校园中的学生为对象，是因为学生的自我保护能力较差，而且防范意识不强。上述案例也说明，某些学校在安全管理方面存在巨大的漏洞，例如，对于陌生人进入校园缺少必要的审查登记制度；对于

外来人员的闯入行为也没有有效的应急措施。

（2）意外事故。除不法侵害事件外，学校中还可能发生意外事故。此类事故是由于不可抗力造成的，常见的有自然灾害（洪水、台风、地震）、学生的特殊体质（如先天性心脏病、周身无汗腺、青霉素针剂过敏史）等原因引起的意外事故，以及其他无法预料、不可避免、不能克服的不可抗力导致的意外事故。由于在意外事故中，并没有人为因素的影响，也没有学校重视力度、工作机制以及治理措施方面的原因，因此，任何人都没有过错。

 案例分享

　　某山区小学依山而建。在阴雨季，山上流下来的水已经成为小溪在教室旁边流淌。随着时间的迁移，逐渐形成了发生泥石流灾害的隐患。一天下午，忽然下起大雷雨。正在教室上课的老师听到异样的响声，发现有碎土从黑板边儿掉下来，接着，靠山的墙也有土掉下来，学生们惊恐不安。老师一边安慰孩子学生一边组织疏散。有两个孩子吓呆了，不知所措地站在那里。这时，一块天花板掉了下来，老师扑上去护住学生，当即受到重伤，两个学生一个小腿骨折，另一个安然无恙。

　　在这个案例中，该山区小学的教室在当地经济发展状况和地理环境状况下，是安全建筑。暴雨引发山洪导致教室坍塌，属于不可抗因素导致的意外事故。而且，本案例中的教师尽到了保护学生的义务，所以，学校以及教师都不必承担事故的后果和责任。

（3）责任事故。责任事故不同于意外事故，其认定条件如下：一是存在损害事实；二是行为违法；三是损害事实与违法行为之间存在因果关系；四是行为人主观上存在过失。在学校安全事故中，如有"学校使用的教育教学和生活设施、设备不符合国家和当地安全标准""学校场地、房屋和设备等维护、管理不当""学校未按规定对学生进行必要的安全教育""组织教育教学活动时，未采取必要的安全防护措施""学校向学生提供的食品、饮用水以及玩具、文具或者其他物品不符合国家和本地卫生、安全标准""学校知道或应当知道有不适应某种场合或者某种活动的特异体质，未予以必要照顾""学校组织安排的实习、劳动、体育运动等体力活动，超出学生一般生理承受能力""学生伤害事故发生后，学校未采取相应的救护措施致使损害扩大"等情况的，学校应承担连带责任；而如果教师有"侮辱、殴打、体罚或变相体罚学生"或是"擅离工作岗位但未履行职责"的，则教师也要承担连带责任。

 案例分享

2010 年 11 月，新疆阿克苏第五学校发生踩踏事故，近百名学生受伤被送往医院。其中重伤 7 人，轻伤 34 人。事故发生正是课间操时间，楼上教室的所有学生都簇拥而下，楼梯扶手被挤歪，几个学生歪倒，接着所有学生更加惊慌无措地往楼下挤，形势一时间发展为不可控状态。等校方发现，踩踏受伤场面已是惨不忍睹了。

上述校园踩踏事故说明，学校没有很好地培养学生的安全意识，

也缺乏平时对学生突发事故的应急演练，更缺乏对基础设施安全的及时排查。当出现异常情况，没有很好的应急反应，由于发现和处理滞后，造成了严重后果。

2. 校园安全工作的特征

校园安全工作与其他管理工作有所不同，具有如下几个方面的特征：①细微性。这可能体现为某个环节的操作不规范、某项程序的落实不到位等。例如，一个阀门没有及时关闭，门卫没有认真检查，食堂蔬菜没有加工烧透以及没有及时检修线路等细节性问题。②广泛性。校园是广大师生进行日常教学、活动和交往的场所，而安全隐患就散布于上述各个环节之中。③学生群体的特殊性。学生，特别是中小学生，身心都不够成熟，安全意识较差，属于弱势群体。④时空的延展性。校园安全工作产生自学校建立之初，并涵盖校园的每一个角落。⑤动态性。尽管校园安全工作的主、客体是固定的，但具体工作对象却随着师生的流动、教育资源的更迭以及制度的变迁而有所变化。⑥易受忽略性。由于这一工作表面看来与教育教学质量的联系并不紧密，因此，学校中的工作人员，包括校长在内，都有可能出现麻痹大意的倾向，因而出现"海恩法则"①所描述的量变引起质变的情况。

随着我国教育规模的迅速扩大、学生层次日益多样化，新的不安全因素不断增多，中小学生安全事故时有发生。但调查显示，在所发生的各类校园伤害中，有80％是可以通过教育、干预和加强管理来提

---

① 海恩法则：每一起严重突发事故的背后，都必然有29次轻微事故和300起未遂先兆以及1000起事故隐患。其要义道出了一个哲学道理，量变必然引起质变，大的事故发生是由一些不容易被觉察的小节积累而成的结果。

前采取措施避免的。[①] 严峻的现实一方面凸显了加强中小学公共安全教育的紧迫性，另一方面使很多校长感到安全管理工作的压力越来越大。哪些工作应是校长在管理时最应重视的，学校安全管理最容易出现哪些薄弱环节，如何开展有效的安全教育，这些都是校长应该明确的问题。

(二)和谐校园的衡量标准

和谐校园是指现代教育理念、学校共同愿景、领导者管理伦理及学校内部规章制度等学校内部精神层面各要素之间相互相容、相互促进、协调发展的和谐状态[②]。从组织要素间相互关系的视角出发，和谐校园是指学校内部各要素之间协调、均衡、有序发展的状态，以及学校与社会、家庭教育的合作互助。

1. 管理氛围民主

学校工作千头万绪，校长作为学校的管理者，是教师和学校的领路人，要懂得发挥团队的作用，主动为组织成员构筑民主交流的平台，使每个人都能够提出对学校发展的有益建议。在学校的管理中，特别是在制订学校的校规、校纪等制度时，校长"兼听则明"，应有民主意识。这是因为，制度若能得到广大师生认可，有利于贯彻执行；反之，则会产生冲突和抵制。而民主的参与过程张扬了师生作为"人"的价值和尊严，并给予他们一定的自我发展空间，能更好地体现出制度的客观性与公正性。不仅如此，校长在管理中还要注意公平评价原

---

① 王晓宏，杨惠萍. 中学生校园伤害成因及有效干预策略[J]. 中小学校长，2010 (8)：113-115.

② 闫洁. 组织文化视野下的中小学和谐校园建设研究[D]. 北京：首都师范大学，2008：5-6.

则的运用。当前，很多学校都有一套具有校本特色的教师发展评价机制，校长在运用这一机制时，要全面、科学和客观地对教师进行审视，并尊重同行评议的结果，形成融洽、合作以及相互尊重的民主管理氛围。

2. 组织运行有序

校长要形成组织管理能力，就要不断学习先进教育和管理理论，充实自己。为保证组织的运行秩序，校长还要灵活运用相关知识。从技术层面来说，在管理中要运用"刚柔并济"的技巧和方法。"刚"是一种权威；"柔"是一种魅力。校长在管理中注重张弛有度，不但要有切合实际的目标，还要针对不同的场合和对象使用不同的管理方式，营造轻松、和谐的工作环境，使师生能始终保持良好的状态。从制度层面来说，要将实践得来的经验不断地加以总结和归纳，为管理制度体系的完善奠定基础。在现代学校制度下，要想成为一位称职的校长，必然要能够反思、探究，成为具有研究精神的教育家。

3. 校风校纪良好

校风校纪是一个学校内成员各方面态度和趋向的总和。良好的校风校纪由三方面因素构成：一是"成员因素论"，即学校成员的作风是构成校风的因素，包括领导的作风、教师的教风和学生的学风；二是"内在因素论"，即校风是学校集体成员所共有的思想和感情、理想和愿望，行为方式和传统习惯等因素的综合；三是"关系因素论"，即校风是由学校里各种各类人与人之间的关系构成，如上下级关系、师生关系、同学同事关系、个人与集体关系等。良好的校风校纪对于平安和谐校园具有潜移默化的感召力量：首先，它具有同化力，可以使学校中的师生自觉不自觉地受到心灵的熏陶；其次，它具有促进力，通过积极风尚，使师生身心都处于愉快和活跃的状态，保障教育教学工作有条不紊地开展；再次，它具有约束力，广大师生处于光荣感和自豪感的包围中，会自觉维护校风，对破坏校风的人和事进行抵制和谴责①。校长，既是教育者，也是学校的组织者和领导者，优良的校风校纪要靠他们去倡导。"领导作风→教风→学风"是一种线性的影响关系，在一定程度上存在着反作用，所以，这是考察一所学校是否和谐的重要线索。

4. 内外环境协调

中小学是一种正规的社会组织，不可能完全独立于环境而存在。平安和谐校园的建设要从学校的现实出发，既要看到有利方面，也要看到不利因素，更要看到发展的潜力，对于学校的人力、财力、物力、生源、师资、领导班子、校园环境、已有教育成果等方面进行认真分析。② 对于校长来说，对学校内、外部环境协调和综合治理，是比较大的挑战。首先，把握教育发展趋势的宏观大环境，即要把握学校发展的时代背景，了解社会政治、经济、文化发展的形势以及对人才培养的要求，了解国内外教育改革的总体趋势和动向，了解教育政策法规的基本精神，了解教育理论研究的热点、重点和难点等。其次，认清学校所在社区的中观环境。学校不是一个孤立的组织，它与周边的社会环境是融为一体的，学校所在社区的人文环境、经济环境、自然环境等因素，既对学校的育人提出相应的要求，也会影响学校的定位与发展。只有根据学校所在社区的客观现状对学校办学进行

① 林国彬. 学校管理学辅导提纲[M]. 北京：光明日报出版社，2013：183-184.
② 陈孝彬，程凤春. 学校管理专题[M]. 北京：北京师范大学出版社，2002：160-161.

适当调整，才能够最大限度地争取到社区在物质上和精神上的大力支持，保证学校各项工作的顺利开展。最后，评估学校自身的微观环境。学校微观环境对学生个体成长、教师成长具有重要影响，评估学校内部的软、硬件环境，使其朝着有利于学生、教师成长的方向发展，是学校和谐的重要表现。

二、平安和谐校园建设的意义

(一)整合管理与教育工作的双重目标

学校是由管理者、教师、学生、教育内容、教育环境等要素构成，教育与管理是组织的基本工作。作为一个整体，学校的教育目标与管理目标所蕴含的价值追求应相一致。具体而言，学校的教育目标是指学生的培养规格，即学校"产品"的质量标准；而管理目标是指对组织发展的全面要求以及对管理活动结果所做的规定。二者之间有着必然的逻辑关系。教育目标是确立管理目标的主要依据，而管理目标的达成，必将有助于全面实现教育目标。目标具有指向性，影响和制约着学校的发展方向，规定着工作的标准。如果两种目标不一致、不协调，学校就会陷入低效和混乱状态。和谐校园是高效、有序的校园，因此，这两种工作目标的协调是和谐校园建设的核心①。

(二)彰显"以人为本"的理念

"和谐平安"校园建设是落实以人为本的科学发展观的需要。组织管理的以人为本要注意关心人、尊重人，而对于学校这样的学习型组织来说，还要强调促进人的全面发展。要实现这样的管理目标，需要

---

① 冯永红.和谐校园建设二论[J].新乡学院学报(社会科学版)，2012(4)：176.

营造师生员工的富足物质环境和愉悦精神环境。和谐能够凝聚人心、团结力量，安全则能够保障事业的健康发展，因此，只有拥有这种稳定的环境氛围，学校才能充分发挥组织效能，提高教师教书育人的积极性和学生学习的主动性，培养高素质的人才。

 案例分享

青岛市嘉峪关学校校长主张和谐校园"应是释放人性光芒、充盈人文关怀和拥有道德力量的，并能使生活其中的教师享受着为人的尊严、生命的价值和职业的幸福"。

1. 尊重是一种道德关怀，教师只有受到尊重才会感受到职业尊严。尊重是一个外显的礼节。清晨，校长总会在校门口，用微笑迎接教师上班；教师节干部总忘不了给教师赠送鲜花和意外的惊喜；新年时教师会收到校长精心设计的电子贺卡；教师敲开校长的门，校长自然需要起立接待……在干部与教师的交流中常用的字是"您"与"谢谢"等。尊重没有止于教师的获得，而是由教师传递给了学生。走进这座校园，没有训话，取而代之的是师生之间平等的对话。

2. 欣赏不是盲目和虚无的表扬，而是真挚的赞美。在教师例会上，不管是分管干部的工作情况反馈还是校长的小结，很少行政任务和指令的传达，更多的是讲述教师敬业爱生的故事；学校的"嘉苑报"上，开设了"教师团队风采"专栏，每期都向社会、家长展示教师的形象、荣誉、成就、教学风格和他们团队精神；每次的学期奖励，对获奖的教师个人和团队，学校的干部都精心撰写"表彰辞"，并印发成精美的"表彰通报"。欣赏不仅是激励教师发展的精神力量，已渐变成一种文化品质，教师在被欣赏中，学会了欣赏，懂得了感激。

3. 关爱表现在细微处。新学年的开始，一年级的班主任常因说话多而咽喉不适，学校的卫生室会及时把润喉的保健品放在办公桌上，省去了老师自己的操心；每天上午大课间，食堂会洗净包好一个新鲜水果送到办公室里；对于请过病假的老师，干部会及时给一个问候；开学前校长会再次确认每间教师办公室的空调网是否已清洗干净；每次听完课后，在课前，勿忘先给老师接一杯水，因为校长该知道，老师下课后还没来得及喝水就来评课了。关爱在需求时，关爱有时就是急教师所急，解教师所困，如教师子女的入园难的帮助、职工医疗困难时的及时捐助、帮助年轻老师做一次后进生的谈心等。

资料来源：幸福感：教师发展的人本指标，http：//www.ilib.cn/A-zgjyxk200801013.html. 39K，2008-4-21.

在这一案例中，校长采用了独特的"人本"视野，将"幸福感"的营造纳入学校管理工作的范畴，从情感到行动都充满着道德伦理的力量，有力地推动了和谐校园的建设。该校提供了一个从组织文化角度，抓住管理伦理，促进领导与教师和谐关系的形成的典型案例。

第二节　打造平安和谐校园的基本原则与主要途径

一、打造平安和谐校园的基本原则

(一)学生为本原则

从利益相关者理论出发，学生是学校中的重要主体。"以学生为本"是实现组织科学管理，打造和谐校园文化的重要原则。该原则的指导意义在于，一切从学生的实际出发，以促进其发展为根本目标，强调其在学习过程中的自主性、能动性和创造性。在学校的具体管理过程中，应将"一切为了学生，为了一切学生，为了学生一切"的理念贯彻到每一项工作之中。同时，还要注意不能仅把学生当成单纯的管理客体。他们作为具有主观能动性的个体，有参与学校事务和进行教育选择的诉求，因此，学校应尽最大可能满足学生学习生活中的合理需求，努力为他们提供各种优质的服务。平安和谐的校园有利于充分开发学生的潜能，使他们获得自由、全面、和谐的发展，进而成为有德、有才、有能力、有个性的人[①]。

(二)尊重和信任原则

尽管学生是不完善的主体，但具有强烈的自尊意识。他们的尊严是否得到尊重，会影响其学习的态度、质量和效率。学校，特别是校长，要从学生发展的客观需要出发，对学生的物质需求和精神需求给予充分的重视。在管理学生时，要注意维护其尊严和人格，以适应他们的个性发展和自身价值的提升。这是和谐校园的应有之义。首先，校长和教师要转换角色，从权威人物变成朋友关系，设身处地为学生着想，体现对他们的人文关怀；其次，要对学生有足够的信任，积极为他们提供自我教育的开放空间。相信、依靠和发展学生的自治、自控、自我发展能力[②]，最大限度地提升他们参与管理的水平，增加他们的责任感、使命感。

(三)制度化与人性化统一原则

组织管理经常面对制度化与人性化的矛盾。制度化的优点是"理

---

① 董兵团.对构建和谐校园文化的几点思考[J].特区实践与理论，2010：64.
② 董兵团.对构建和谐校园文化的几点思考[J].特区实践与理论，2010：65.

性"和"确定性"，其弊端是难以变通，不利于最大限度地激发人的积极性；人性化则相反，具有柔性的特点，但同时确定性较低。中小学管理过程中，如果过于强调制度的刚性，会造成师生的拘谨；而如果只强调人性化，又有可能造成组织无序，导致低效率。和谐校园必须形成有序的机制，这要求校长能够协调两种原则的冲突，发挥其协同作用。首先，在学校规章制度制定时，应充分考虑人性化的一面——既体现共性，也兼顾个性；其次，在制度执行时，要注重严谨的激励性与宽松的人文性，以实现管理作用与教育作用的有机结合。这不仅避免或减轻了制度刚性给师生造成的束缚，加强学习型组织中的人文关怀；也保证了制度潜在说服力和实施过程的规范和有效性，使管理制度转化为师生的自觉行动，以便形成和谐校园文化。[①]

(四)持续改进原则

学校改进是一种"系统而持续的努力，目的是在一所或多所学校里改变学习条件及其他相关的内部条件，从而更有效地实现教育目标"[②]。作为一种复杂性的变革，学校改进的实质是学校层面的组织变革，而且持续性是其主要特征。[③] 第一，要让全体师生重视启动持续改进过程的准备工作，这些准备包括激发他们对改进进行质疑和评价的热情，拓展他们的知识，发展他们的技能，以及建立合作性的工作关系。第二，将任务、观念和核心价值作为整个进程中的重点。学校的第一要务就是要不断地澄清核心价值观，点燃组织中教师的教学和

---

① 董兵团.对构建和谐校园文化的几点思考[J].特区实践与理论，2010：65-66.

② VanVelzen，W.，Miles，M.，Ekholm，Hameyer A. U. & Robin，D. Making-School Improvement Work：A Conceptual Guide to Practice[M]. Leuven，Belgium：AC-CO，1985：48.

③ 褚宏启.基于学校改进的学校自我评估[J].教育发展研究，2009(24).

学生的学习热情。第三，学校的持续改进是以资料为支撑的，应注意资料的收集、整理和分析。第四，持续改进在全校范围内开展，全员都应该参与到这一进程中来。虽然让学校共同体成员都自始至终参与到持续改进的进程中来可能是不现实的，但为了成功地进行改进活动，学校还是要采取积极措施，鼓励每位成员都参与这一进程。学校的方方面面，包括学校组织、人员和教学活动等，也都应为了学生的利益，参与改进。第五，关注持续改进活动在学校组织内部所处的地位。学校的持续改进应当成为学校核心活动的一部分。持续改进工作在组织内的安置有两种可能的方法。第一种是通过平行的项目结构和实践活动方式；另一种是通过综合结构。平行结构是指持续改进活动是一个独立于基本的组织运转和实践的活动，看上去是组织为了增加它的核心作用而做的"额外"工作。当然，这并不意味着持续改进行动与组织的核心活动之间没有实质性或操作性关系，只是意味着他们是可分辨的，各自独立存在的。综合结构是将持续不断的提高过程与组织的核心功能合并成一体，目的是使前者变为后者的一部分。持续的改进过程并不是"附加的"，它与组织的核心行为融为一体，难以剥离。显然，无论是安全性还是和谐性，都是一所学校以及每位校长长期追求的目标，这一目标只有通过持续的改进才能够实现，并长期保证其效能。

二、打造平安和谐校园的主要途径

(一)树立"校长负责"的高度责任意识

1. 落实《中小学校岗位安全工作指南》

为深入贯彻《国家中长期教育改革和发展规划纲要(2010—2020

年)》，进一步提高中小学安全教育和管理水平，指导中小学校明确并落实安全工作职责，解决中小学安全工作"做什么，谁来做"的问题，教育部组织有关专家在梳理研究现有法律法规和大量学校制度的基础上制定了《中小学校岗位安全工作指南》（以下简称《指南》）。《指南》力争涵盖学校的所有岗位和安全工作的方方面面，但各地、各学校之间客观存在诸多差异，岗位设置也有所不同，《指南》所设定的岗位职责只是一般性的。各校在使用《指南》时要结合实际进行补充、细化或适当调整，既可以一人多岗，有的岗位也可以一岗多人，总的原则是学校安全工作的所有职责都有人承担，不能出现有的工作无人负责的情况。学校要对照《指南》，进一步明确本校各个岗位的安全职责任务，健全学校安全管理制度，落实各项制度措施，切实将安全教育和管理融入学校日常工作的各个环节，确保广大师生安全，确保校园和谐稳定。

2. 按级别设立不同安全事故的处理预案

针对校园安全管理工作长期性的特点，学校在配备组织机构过程中，首先，应成立由校长、书记、教导主任和骨干教师等组成的校园安全领导小组，负责贯彻、监督、实施安全管理的各项制度与措施。其次，学校要建立与学校安全相关的工作机构。如在保卫处设立治安、消防安全管理办公室，在后勤处设立设施安全管理办公室，在学生处设立活动安全管理办公室。同时，学校应在各部门的职责中加入安全管理责任内容，要明确安全管理的主要责任部门和责任人，同时还要明确协管部门和协管责任人，按照"谁主管、谁负责"的原则，签订学生安全管理责任书，以使安全管理工作"时时有人管、处处有人抓"。最后，要建立重大事故和安全隐患报告制度，使各部门间形成健全的信息网络体系，及时排查和发现安全方面存在的问题，能够解决的要采取措施及时解决，不能解决的要向学校及时报告，不得迟报、瞒报，贻误处理时机。学校安全领导小组要定期或不定期对校园安全情况进行检查，定期召开联席会议，及时发现问题、解决问题。

　　3. 配合责任督学的督导工作

　　2013 年颁布的《中小学校责任督学挂牌督导办法》（以下简称《办法》）中，督学的职责也包括对平安和谐校园的经常性督导，具体包括：校园及周边安全情况，学生交通安全情况；食堂、食品、饮水及宿舍卫生情况；校风、教风、学风建设情况等。该《办法》中同时要求"学校必须接受责任督学的监督和指导，按要求提供情况和进行整改"。2014 年颁布的《教育重大突发事件专项督导暂行办法》的第六条对于校园教育重大突发事件的七个方面①提出了应对与处理的专项督导的要求，其中，第十二条"建立教育重大突发事件督导问责机制，将专项督导结果作为对相关单位和负责人进行责任追究的重要依据"和第十三条"对教育重大突发事件应对处理工作责任不落实、应对不

――――――――――

　　① 1. 教育重大突发事件的预防与应急准备、物资储备、监测与预警等方面的情况。2. 教育重大突发事件的应急处理与救援等方面的情况，包括紧急报告、控制局面、组织疏散、实施救治、开展救援、立案调查等。3. 教育重大突发事件的过程处理情况，包括校园安全隐患排除、食物中毒治疗、传染性疾病防治、事故伤害赔偿、教育抚恤补助、师生和家长安抚、试题泄密和考试群体作弊处置、治安和刑事案件移交处理、群体聚集的疏散、教师师德教育、责任人处理等。4. 教育重大突发事件的后续处理情况，包括校舍恢复重建、教学设备补充配置、校园及周边环境整治、患病或受伤师生救治、师生心理干预、复课及组织学生参加中高考、维护校园师生稳定、试题泄密和考试群体作弊处置、治安和刑事案件协助处理、师生宣传教育、处理结果通报、事后评估等。5. 建立教育重大突发事件公告制度，视情况向社会公众和新闻媒体通报相关工作，正确引导舆论的情况。6. 建立健全监督检查和考核问责机制，对相关责任人进行责任追究和处理的情况。7. 其他与教育重大突发事件相关的情况。

积极、处理不妥当的地区、单位和个人，建议当地人民政府对其进行问责，对造成严重后果的依法追究责任"明确了校长问责的监督机制。作为校长，配合督学进行学校的督导工作是其重要职责。校长应当主动与督学合作，对学校管理中存在的问题进行诊断性"筛查"，并在督学指导下，结合本校实际，制定学校的发展战略。

(二)确立平安和谐校园的长效保障机制

1. 建立校园预案

为确保学校突发事件具有应对措施，校长应分析校内外环境，研究潜在的危机诱发因素，及时捕捉危机爆发前的各种预警信号的基础上，将其逐一列举出来，并研究其发生机理和概率，预测可能的后果。对于学校安全工作的薄弱环节，组织相关专家论证、评估，提出改善建议。在辨别校园危机的基础上，校长应从经费、人力、物力上做好预算安排，对可能发生的安全事件尽快制订相应的处理预案，并据此开展模拟训练。该预案不能是一个简单的文本，至少要包括综合性预案、专项性预案以及现场预案等几大类。加强预案演练。一般来讲，常见的预案演练主要包括：火灾事故的处置和逃生演练、集体活动与大型活动安全防范演练、学生集中上下楼梯演练，特别是停电情况下的演练、应对传染病和食物中毒演练、学生意外伤害处置演练、学生走失处置演练、校园暴力恐怖事件演练、校车交通事故演练、后勤保障演练、110和120求救演练、信息上报演练等。通过增强相关人员对预案的启动、运作流程的感性认识，来提高紧急情况下从容应对和果断处置的能力。

2. 加强安全教育

安全教育是指通过形式多样、切实有效的方式，向全校师生传播安全知识、安全技能，以强化全体成员安全意识，提高自我防范能力的行动。安全教育的内容包括：宣传贯彻有关安全的法律法规和规章制度，讲解安全事故案例，认识重大危险部位的提醒标志，掌握了解危险操作规程及安全科学理论等。学校防火、防盗、防破坏、防治安灾害事故的"四防"教育应依据环境、季节等规律进行，并使之常规化。在开展安全教育时，不能忽略对师生的心理疏导和思想政治工作，这是保障他们身心健康的重要途径，有利于在师生强化安全思维，形成高度重视安全工作的价值取向，配合校长管理工作，在共同努力下将事故消灭在萌芽状态，进而形成稳定持久的校园安全文化。

3. 建立良好的危机恢复机制

恢复机制是危机管理体系的重要组成部分。如果处理措施得当，不仅能够制止危机的蔓延和扩散，减低危机所造成的损失和不利影响，还有可能为学校发展提供新的机遇。一般情况下，在确定危机已经得到有效控制的情况下，应尽快恢复原有的软件和硬件环境，恢复机制包括以下几个步骤：第一，解除事件的隔离状态，并发布消息，让大家知道危机已经得到有效控制；第二，划定相关工作人员的责任，并最大限度地弥补损失；第三，校长应该在给予受害者物质上相应赔偿的同时，邀请心理咨询师对在危机事件中受到极大冲击的学生以及参与过危机处理的相关教师的心理进行修复，使他们能够尽快地投入新的学习和生活；第四，建立危机管理评价体系，寻找可以防止危机再次发生的措施，完善反应和重建行动的管理措施。① 简言之，中小学校长应建立起能够使学校教育教学秩序尽快恢复的有效机制。

---

① 曲涛，杜学敏. 高校危机管理问题的研究与建议[J]. 思想教育研究，2009(6)：234.

（三）促进和谐校园文化的生成

创办和谐教育、创建和谐校园是一项十分复杂的系统工程，校长作为一所学校的"灵魂人物"，应从如下方面着手促进和谐校园文化的生成。

1. 注重理念引领

如何在学校具体的工作中全面、正确、有效地实施校长的管理理念呢？其一，校长既要认真贯彻执行党和国家的教育方针、政策和上级主管部门的指示精神，又要争取学校外部的大力支持，特别是要得到师生、学生家长和社会各界的广泛理解和支持。其二，校长要虚心学习先进的管理和实践经验，根据本校的具体情况，结合本地方的经济发展形势，因地制宜地突出办学优势，形成校本特色，而不是盲目地生搬硬套他人的先进管理和实践经验。其三，校长应不断学习和谐校园文化的理论新发展，并通过反思和改进自身理念来跟上教育发展的步伐，不断实现自我提升。

2. 善于进行民主沟通

校长要实现与师生员工的民主沟通，需要具备"讲道理"的技巧，并针对不同的人、事、物采用不同的讲理方式。在讲道理的时候，要注意解释到位、理由充分，不能急于求成或是专横独断。这是因为，和谐管理是一项需要高度耐心的活动，需要使师生了解校长管理行为的良苦用心。校长要重视教代会的作用，在平常也要定期或不定期举行座谈会，听取教师的意见和建议。要达到管理的顺畅，校长还要发挥学生的主体作用，尊重学生群体的发展需要，同时，鼓励学生家长和社区相关人员的参与。实际上，学校的发展与组织成员个体、群体的发展以及社会声誉密不可分，民主沟通是为适应这种组织发展的需要应运而生的一种有效管理手段。在其实施过程中，校长可以将广泛征求的意见和建议综合成文，并将整改结果及时反馈给师生、学生家长以及社区相关人员。

3. 统筹配置学校内部的教育资源

作为一校之长，应能够统筹教育资源，理顺横向和纵向两方面的工作，妥善处理好各种利益矛盾。校长在进行教育资源的配置时，应多采取换位思考的方式。如果校长总是只站在管理者的角度去思考问题，那么，在进行校内资源配置时，很难适度满足教职工的合理要求。只有将自己也放到普通教职工的角度上来统筹考虑资源的配置，才会使教职工感受到领导的理解和宽容，形成和谐的干群关系。除"财""物"外，校长对资源统筹分配还包括对"人"的任用，合理地分配工作任务。校长在人员任用时应当具有大局观，不能以自己的好恶为标准，而且，还要注意合理地使用人才、爱护人才，避免造成对学校人力资源的浪费。

4. 完善制度

制度不是一成不变的，应根据时代的发展，实际的需要，不断充实，不断修正管理制度。在中小学中，制度是教育教学工作开展的准绳和保障。校长作为学校发展和学校管理的首要负责人，应该关注现代学校制度建设，并在校内制度建设中发挥主导作用，成为推进和建构现代学校制度的灵魂人物。[①]"平安和谐"是中小学现代学校制度的特征之一。校长促进平安和谐校园制度的完善，有利于学校的发展。校长在完善制度的过程中应注意：首先，制度的制定必须集思广益，

---

① 褚宏启. 建设现代学校制度：校长应注意什么？[J]. 中小学管理，2005(6)：5.

既要符合国家相关法律法规和政策方针，又要立足于本校实际。其次，制度内容要具有科学性和可操作性，尽量避免徇私倾向以及执行中的伸缩性。简言之，一个健全、科学和完善的管理制度体系可以保证全体师生在有序、安全、和谐的环境氛围中实现自我发展，进而实现整个组织的发展。

（四）加强"校—家—社区"互动网络的协作

平安和谐校园的建设还受到社会和家庭的影响，协作是安全和谐校园建设必须纳入视野的重要问题。"组织是诸多元素相互联系、相互作用而形成的相对独立于环境的整体，正是合作使组织获得一种共生机制和持续发展机制。只有竞争，没有合作，这个组织就不可避免地走向解体。合作是组织产生的基础，也是组织发展的重要机制"[1]。因而，要动员和组织学生家长和社会公众参与这一协作网络，积极开展优化家庭环境和社会环境的工作，努力把家庭、社会和学校教育的影响统一到平安和谐校园的营造工作上来，使其为儿童和青少年提供健康成长的必要条件，创造良好的客观环境[2]。

第一步，评估学校的实际安全需求。对学校的实际安全需求实施评估时，学校安全人员要考虑到影响校园安全的方方面面，要与相关的学生、教职工以及社区居民进行面对面的交流，倾听他们对校园安全问题的看法，以获取较深层次的安全信息。然后，安全人员对学校的安全措施及规章制度进行分析，检查校园的相关安全设备。如果可能，还可以参照其他学校或社区的情况进行对比分析。

---

① 孟繁华，田汉族. 走向合作：现代学校组织的发展趋势[J]. 教育研究，2007（12）：55.

② 陈孝彬，程凤春. 学校管理专题[M]. 北京：北京师范大学出版社，2002：78.

第二步，争取社会各方的支持。学校应当积极争取政府部门、法律部门、市民团体、企业实体、社区以及家长的支持，集中进行商讨，就校园的安全问题达成协议，明确各方在事故预防和事故处理中应当承担的责任。

第三步，评价校园安全计划。安全人员根据成本分析的原理对整个校园安全计划进行分析评价，查看哪些安全项目发挥了应有的作用，哪些项目耗费了资金却没有发挥作用，进而确定应当加强、保留或删除的项目。[①]

在学校、家庭、社会和政府间建立一种信息传输和反馈机制，使三者形成合力，齐抓共管，严厉打击危害学校及学生安全的不法行为，切实改善周边环境，营造一个安全文明的校园环境。学校对于政府的责任在于，一旦有危机事件发生，学校要全面如实地向上级政府主管部门报告并保持紧密联系，使之随时掌握事件发展，以争取支持和指导。学校对于家长的责任在于，学校要通过印发《告家长书》、家访、电访、召开家长会等形式，及时向家长通报学生在校表现以及学校对学生的要求，积极争取家长的支持与配合；同时要告知家长应当将孩子在家庭和社会交往情况及时与学校沟通联系，一旦发现不良倾向，应及时报告学校，共同研究教育方案，预防严重事件发生。

学校是一个复杂的生态系统，学校管理的效能还与学校内部和外部的环境有密切关联。有效学校的研究发现，安全有序的学校环境是有效学校的前提条件；学校暴力和故意破坏行为的不断发生，会使师生难以集中精力实现学业目标。要创造有益于学习的环境，就必须根

---

① 尹晓敏.美国如何加强校园安全管理[J].中小学管理，2007(4)：53-54.

除学校中的不良行为。而安全和谐建设是校长学校管理工作的核心之一，也是影响学校管理效能的关键要素。校长在这一工作上进行强有力的领导，是学校取得成功的关键。

 大家谈

学生课间嬉戏受伤校方是否承担安全责任①

某日，一小学六年级学生冯某在教室门前的通道内玩耍时，被同学推倒在通道旁的花坛上。班主任得悉后问冯某摔疼没有，冯某说没事，班主任就未将此事告知其家长。冯某放学回家后说身上疼，家长了解情况后与学校老师一起将其送到医院。次日，冯某被诊断为外伤性巨腹、脾破裂，进行脾切除手术，前后花去医疗费 1 万余元。事故发生后，杨某的家长给付了冯某人民币 200 元，学校付给了冯某人民币 3000 元。4 月 6 日，冯某及其父母将学校以及杨某告上法庭，要求赔偿医疗费等各项损失。

原告称，学生在上课期间受伤，班主任没有及时将此事告知家长。根据《学生伤害事故处理办法》第九条第（一）款、第（二）款、第（十）款以及第十条的有关规定，学校疏于管理，学校通道设施存在重大隐患，对于学生嬉戏受伤，被告存在过错和重大过失，应负事故的全部责任，冯某及其监护人没有过错和过失，不应负事故的任何责任。被告应赔付原告医疗费、精神损失费等各项费用。

学校辩称，自己没有过错。本起事故是杨某的侵权行为所致，校方已尽到相应义务，不应承担赔偿责任。

被告杨某辩称，原告受伤时学校未尽到监护责任，学校应承担主

---

① 程立. 校园侵权审判案例全类型精解[J]. 北京：法律出版社，2010.

要责任。小学生之间相互打闹的行为是由其身心特点决定的，同学之间的推搡行为并不具有恶意，而是一种游戏行为。尽管自己推冯某是导致其摔倒的直接原因，但原告自己没有控制好自己的身体姿态，对损害后果的发生也应承担相应的责任。

法院认为，学校虽然不是学生监护人，但对学生负有管理、教育、保护职责。学校对学生的人身伤害事故承担责任的前提是它具有过错（故意或过失）——未尽教育管理的基本义务。本案中，学校应考虑到学生易嬉闹的特征，为学生提供安全无隐患的休息活动场所。但该学校设施及公共活动场所不符合规定，安排的活动场所不宽敞，又铺设花坛缩小了空间，这也是造成原告受伤的原因之一，因此，应承担50％的赔偿责任。被告杨某与原告嬉戏致原告受伤，双方各有责任，被告应承担30％的赔偿责任，其余责任由原告自负。

资料来源：徐建平，等．教育政策与法规[M]．重庆：重庆大学出版社，2013：120-121.

行动研究

我国学校安保工作主要采用学校按编制聘请保安人员的传统模式。由于该模式缺乏"竞争"机制，所以，安保人员对部门以及管理工作中的问题缺乏反省和革新意识，管理效率低。部分中小学校参照物业管理模式，和物业管理公司保安员签订合约，在提高安保专业化的同时，强化工作人员的竞争与激励性，明晰工作责任。还有一种观点认为，应引进更为专业化的保安公司模式，将校园安全保卫与危机管理工作通过市场化的机制运作，外包给专业的公司以提升校园安全管理的专业化和效率。上述社会化模式以营利为目的，以提高师生满意度为手段，固然能提高效率，但也存在教育管理内容方面的缺陷。请在三种校园安保管理模式的优势与不足分析（见表10-1）的基础上，结合您所在学校的实际情况开展行动研究，选择一种最为适合的校园安全管理模式。

表 10-1　校园安全管理模式的特征与效率比较

要素模式	保卫管理模式	物业管理模式	保安公司模式
部门职能	管理校卫队伍，承担校园安全管理职责；大型活动或应急事件中，直接指挥校卫队伍开展相关工作。	通过"合约"相关条款，监督、指导公司履行其校园安全管理职责；大型活动或突发事件中，需通过公司管理人员协调、部署保安力量开展相关工作。	通过"合约"条款，监督、指导公司履行校园安全管理职责；大型活动或突发事件中，需通过公司管理人员协调、部署保安力量开展相关工作。
工作目的	提倡安全管理是教育管理手段的延伸，注意开展帮教工作。	以营利为目的，以提高师生满意度为竞争手段；教育管理内容较缺乏。	以营利为目的，以提高师生满意度为竞争手段；教育管理内容较缺乏。
管理机制	行政管理机制，激励作用不强；保卫干部为直接管理人员，因长期缺乏流动性，管理技能相对较弱。	市场竞争机制，激励作用较强；管理人员面向社会公开招聘，管理技能相对较强。	不完全的市场机制，激励作用不强；因保安公司为属地公安部门派生机构，公司管理人员管理技能较弱。
风险责任	承担维护学校政治稳定与治安稳定的全部责任；承担校卫队伍在工作过程中产生的事故风险责任。	承担维护学校政治稳定与治安稳定的全部责任；承担因物业管理公司或保安公司交接、更替而产生的风险责任。	承担维护学校政治稳定与治安稳定的全部责任；承担因"合约"条款不完备或未在"合约"中明确、规范，公司方不主动开展工作滋生的风险责任。
专业程度	校园安全管理经验丰富；但专业安全管理技能不高。	专业安全管理技能较高，校园安全管理经验不足。	专业安全管理技能较高，校园安全管理经验可能不足。
效率程度	低	较高	高

资料来源：贺小林，刘建璇．校园安全管理的理念创新与模式探索——基于转型时期危机特征的分析[J]．教学与管理，2013(3)：16.

在线学习资源

1. 校园安全健康网　http://www.safe6666666.com.cn/index.html

2. 安全校园　http://www.aqxiaoyuan666.com/

3. 全国学校安全教育网　http://www.qgxxaqjy.com/

 补充读物

1. 劳凯声．变革社会中的教育权与受教育权——教育法学基本问题研究[M]．北京：教育科学出版社，2003.

2. 季平．学校管理诊断[M]．北京：教育科学出版社，2002.

3. 李晓燕．教育法学[M]．北京：高等教育出版社，2001.

4. 徐久生．校园暴力研究[M]．北京：中国方正出版社，2004.

后　　记

为贯彻和落实《国家中长期教育改革和发展规划纲要(2010—2020年)》的精神，建立高素质的义务教育校长队伍，教育部于 2013 年颁布了《义务教育学校校长专业标准》(以下简称《校长专业标准》)。《校长专业标准》首次系统地构建了我国义务教育学校校长的六项专业职责，分别是"规划学校发展""营造育人文化""领导课程教学""引领教师成长""优化内部管理""调适外部环境"。《校长专业标准》明确了义务教育学校校长专业发展的主要方向，充分体现了教育家办学的理念及其要求。"中小学校校长培训丛书"就是为了更好地帮助义务教育学校校长理解和掌握《校长专业标准》而编制的一套具有实践指导意义的丛书。

《校长如何优化内部管理》是"中小学校校长培训丛书"中的一册。本书主要对《校长专业标准》中所提出的"优化内部管理"职责的基本理念、具体内容以及主要方法进行了深入浅出的分析。本书编写的基本目的是要能够引导校长理解和把握《校长专业标准》，促进校长对优化学校内部管理的理解和认识，增长其专业知识和方法，提升他们优化学校内部管理的能力。因此，我们在编写中既考虑到专业知识对校长管理理念的引领以及对其专业素养的提升，同时更注重到学校管理实践中的操作性需求，力图将本书编写成为校长们愿读、想读并的确能够指导其学校管理实践的校长读本。

鉴于此，我们在编写过程中始终坚持以下几点原则：第一，清晰正确地解读政策。《校长专业标准》是国家对义务教育学校合格校长专业素质提出的基本要求和规定，不仅对提升校长队伍的整体素质和管理水平具有重要意义，而且也是提高义务教育学校办学水平的纲领性政策文件。要按照《校长专业标准》指明的方向建设高素质的校长队伍，清晰正确地解读政策文件是关键。因此，本书在每一章的编写中专门设计了"标准解读"栏目，在清晰理解政策的基础上进行正确的解读，以促进校长对专业标准要求的认识和理解。第二，系统地介绍专业知识和方法。义务教育学校校长专业素养的提升，离不开对当前教育管理先进理念以及教育教学规律的准确理解和把握。高质量的校长读本一定是能对校长原有管理观念带来冲击，引发他们深入思考学校管理实践中的问题，并能促进他们自我对话的书籍。因此，本书在每一章针对具体专业标准的要求，系统地梳理和介绍相关专业知识和方法。此外，为开阔校长们的视域和眼界，本书在每一章都为校长们提供了相关的在线学习资源和补充读物，以丰富的学习资源满足他们专业素养提升的自我需求。第三，具有较强的可读性。本书编写的主要目的之一，就是要使之成为一本校长拿到手里后愿意读下去的书。为此，编写组专门对部分中小学校长进行了访谈，了解他们的想法和需求，并在实践调研的基础上对本书的编写风格和体例提出了不同于学术研究性书籍的要求。在编写中，我们尽量避免使用学术性语言，回避批判式和说教式话语，使书中的话语与校长在学校管理过程中的思考相契合，从而能让他们在阅读过程中感到眼前一亮、心中一动。第四，坚持实践性原则。管理在本质上是一项实践活动，良好管理行为的塑造离不开实践。优化学校内部管理是义务教育学校校长应具备的专业能力之一。这种专业的能力只有在学校管理实践活动中，校长通过不断地解决问题、反思问题和总结经验教训而获得增长。因此，本书在每一章中专门设计了"学校诊断"和"大家谈"栏目，并在部分章节安排了"行动研究"栏目，使得本书对校长优化学校内部管理具有较强的指导性和实操性。不仅如此，每章节对专业标准的解读以及专业知识和方法的阐释都配有相关的实践案例，通过对案例的深度剖析促进校长对现实问题的反思，实现理论与实践相联系的目的。

本书由北京师范大学苏君阳教授主编，北华大学于胜刚副教授、四川师范大学王珊副教授为副主编。教材编写成员主要是各大学在中小学学校管理和校长培训领域有所建树的优秀教师，同时还有几位北京师范大学在读的硕士生、博士生。全书共十章，第一章和第二章由四川师范大学王珊副教授撰写；第三章由北京师范大学硕士研究生林清撰写；第四章由北京师范大学博士研究生唐文雯撰写；第五章和第十章由哈尔滨师范大学孙芳老师撰写；第六章由北华大学于胜刚副教授撰写；第七章和第八章由北京师范大学博士研究生卢盈撰写；第九章由河南科技大学尤莉副教授撰写。全书的提纲规划、各章节具体内容安排以及组织访谈调研等都由北京师范大学苏君阳教授负责。对于本书，我们付出了很多的努力，但书中仍存在某些不足，欢迎批评、指正！

苏君阳　王珊

2015 年 6 月 18 日

于北京师范大学